Klaus Schilling
Symbole erleben

Glauben erfahren mit Hand, Kopf und Herz

Band 1

Herausgegeben von Klaus Schilling

Klaus Schilling

Symbole erleben

Verlag Katholisches Bibelwerk GmbH
Stuttgart

Die Deutsche Bibliothek – CIP-Einheitsaufnahme

Schilling, Klaus:
Symbole erleben / Klaus Schilling. -
Stuttgart : Verl. Kath. Bibelwerk, 1998
   (Glauben erfahren mit Hand, Kopf und Herz)
  ISBN 3-460-11110-0

2. überarbeitete Auflage
Alle Rechte vorbehalten
© 1998 Verlag Katholisches Bibelwerk GmbH, Stuttgart
Gesamtherstellung: J. F. Steinkopf Druck GmbH, Stuttgart
Umschlagfotos: alle Abbildungen Mauritius Stuttgart; Bildautoren: Steine: Supperstock; Blatt, Wassertropfen: Photographic; Fossilien: Arthur; aufgehaltene Männerhand: Sam Chase

Inhaltsverzeichnis

Vorwort 7

I. Teil: Theoretische Einführung

1. Symbol – Versuch einer (Er)klärung 9
2. Die Bedeutung von Symbolen im Leben des Menschen . . . 15
3. Die Bedeutung von Symbolen für Religion und Glaube . . . 16
4. Das Symbol als bildhafte Ausdrucksweise 17
5. Symbole in der religiösen Erziehung 18
6. Der Umgang mit Symbolen im Kindesalter 21
7. Symboldidaktische Konzepte 23
8. Symbolorientierung als Prinzip von Religionsunterricht . . . 29

II. Teil: Praktische Umsetzung

1. Vorbemerkungen 33
2. Wasser 34
3. Stein/Fels 56
4. Kreis 70
5. Hand 94

Vorwort

Seit Jahren gehört Symboldidaktik zu einem, wenn nicht **dem** zentralen Thema der Religionspädagogik. Die Literatur hierüber füllt inzwischen mehrere Meter Bücherregal. Für die PraktikerInnen ist es annähernd unmöglich, sich ein einigermaßen umfassendes Bild zu machen. Will man aber speziell jungen Menschen Zugang zu Symbolen eröffnen, so ist es erforderlich, zunächst selber eine wirkliche Beziehung zu Symbolen zu besitzen und zugleich über die hauptsächlichen symboldidaktischen Fragestellungen informiert zu sein. Dies soll in einem ersten Teil in zusammenfassender Form geschehen, wobei bewußt weitgehend auf theoretische Diskussionen und gegebenenfalls eigene „ganz neue und unwiderlegbare Position" verzichtet wird. Vielmehr geht es darum, Symbolbegriff, Symboldidaktik, Symbolentwicklung wie die hiermit zusammenhängenden Probleme so darzustellen, daß Wesentliches gesagt ist, daß ein Interesse bei LeserInnen entsteht, sich hiermit auseinanderzusetzen und die Bereitschaft geweckt wird, Umgang mit Symbolen praktisch zu initiieren. Die Beispiele des zweiten Teils verstehen sich als Anregungen, Hilfen, Bausteine, die speziell diese praktische Umsetzung erleichtern sollen.

Bisher konzentriert sich die Diskussion um Symboldidaktik fast ausschließlich auf den schulischen Religionsunterricht. Dies ist insofern verständlich, als sich die Religionspädagogik immer schon primär auf den Lernort Schule bezog. Aus mehreren, im allgemeinen unbestrittenen und daher hier nicht weiter zu belegenden Gründen gilt es aber, diese Ausschließlichkeit zu überwinden: 1. Die Zahl der Schülerinnen und Schüler, die am schulischen Religionsunterricht teilnimmt, wird mehr und mehr abnehmen. 2. Die Bedeutung außerschulischer Katechese, außerschulischer Sakramentenhinführung, kirchlicher Jugendarbeit muß daher wachsen. 3. Für die Religionspädagogik ist es wichtig, ein ganzheitliches Konzept von religiösem Lernen zu entwickeln, innerhalb dessen Kindergarten, Schule, Familie, Kirchengemeinde, Jugendarbeit ... miteinander vernetzt sind und nicht jeder Bereich separat angegangen wird. Von daher richten sich die vorliegenden theoretischen Überlegungen wie praktischen Anregungen nicht einseitig an LehrerInnen. Ich möchte ebenso ErzieherInnen, KatechetInnen, GruppenleiterInnen, Eltern ansprechen und hoffe, daß das Dargestellte für die unterschiedlichsten Bereiche religiöser Erziehung Hilfen bieten kann.

Daß dennoch der Religionsunterricht eine zentrale Stelle einnimmt, auf ihn verstärkt Bezug genommen wird, widerspricht einem derartigen ganzheitlichen Konzept religiösen Lernens nicht. Die allergrößte Zahl von Kindern und Jugendlichen wird im schulischen Religionsunterricht mit religiösen Themen konfrontiert, für nicht wenige ist dies sogar der einzige Lernort, an dem sie Fragen des Glaubens begegnen.

I. Teil: Theoretische Einführung

1. Symbol – Versuch einer (Er)klärung

Wortbedeutung

Das Wort Symbol stammt vom Griechischen „symballein", zusammenwerfen, -legen, -fügen. Das Substantiv „symbolon" heißt ursprünglich „das Anfügestück", „das, was zusammengelegt werden muß" und erhält dann die Bedeutung „Merkmal", „Kenn-, Wahrzeichen". Was damit gemeint ist, kann an einem Beispiel verständlich werden: Ein Bauer verkauft ein Stück Land. Als Zeichen des geschlossenen Vertrages zerbricht man einen Ring. Jeder der Vertragspartner erhält eine Hälfte. Die jeweiligen Nachfahren erben die entsprechende Ringhälfte, damit können sie sich als rechtmäßige Eigentümer ausweisen. Wem der Teil des Rings gehört, der zum anderen paßt, dem gehört auch der Acker.

Eine Geschichte erklärt besser, als alle Theorie

Hier wird der ursprüngliche Sinn von symballein deutlich. Die schon mehr übertragene Bedeutung macht folgendes Beispiel verständlich: Zwei Freunde müssen sich trennen, sie haben in verschiedenen Ländern ihren Geschäften nachzugehen und werden sich u.U. über Jahre nicht sehen können. Als äußeres Zeichen, Wahrzeichen, Sinn-Bild ihrer Freundschaft nehmen sie eine Tontafel. Ihr Getrenntwerden drücken sie im Zerbrechen der Tontafel aus und zeigen damit zugleich den Schmerz an, den ihre Trennung bewirkt. Jeder erhält eine Hälfte der Tontafel als Zeichen der Freundschaft. Die Gemeinsamkeit muß wohl äußerlich, sichtbar zerbrochen werden, aber die Freundschaft bleibt bestehen, jeder trägt den anderen (im Zeichen der Tonscherbe) konstant bei sich. In der Trennung wird den Freunden der Wert ihrer Freundschaft besonders deutlich. Immer neue Aspekte dieser Freundschaft werden erkannt. Nach vielen Jahren treffen sie endlich zusammen. Die beiden Hälften des Tontäfelchens fügen sie als sichtbares Zeichen für ihre Freundschaft wieder so aneinander, daß sie ein Ganzes bilden.

Das Symbol vom zerbrochenen Ring wird auch im Märchen der Gebrüder Grimm „Der Bärenhäuter" aufgegriffen. In seine Ringhälfte schreibt der Bärenhäuter den Namen der jüngsten Tochter, in ihre seinen eigenen, dann muß er sie verlassen. Nach drei Jahren fügen sie die Ringhälften ineinander und erkennen sich wieder. (siehe S. 88–91)

Das Tontäfelchen wie der Ring sind also Hinweise, äußere Zeichen, Erkennungszeichen, Symbole für einen Sachverhalt (geschlossener Vertrag) oder einen nicht gegenständlichen, ideellen Wert. Freundschaft wie Vertragsabschluß finden im Tontäfelchen bzw. im Ring ihren sichtbaren Ausdruck.

Symbolum

Für den Theologen sind zwei weitere Hinweise von Interesse: Das Glaubensbekenntnis, das z.B. im Gottesdienst gebetet wird, trägt die Bezeichnung „Symbolum". Es ist das Zeichen, an dem jeder, der zur Gemeinschaft der Christen gehört, erkannt werden kann. Ist Symbol das, was zusammenfügt, vereinigt, so ist der Diabolus, der Teufel, jener, der entzweit, auseinanderwirft, verleumdet.

Synonyme Begriffe

Für Symbol werden oft gleichbedeutende, synonyme Worte verwandt, die dann mehr oder weniger den selben Bedeutungsgehalt zum Ausdruck bringen wollen. So spricht man von Sinnbild, Inbild, Chiffre, Figur(a), Bedeutungsträger, Bildvokabel, Paradigma, Typos, Gleichnis. Auch Archetyp, Metapher, Allegorie werden sinnverwandt gebraucht, wobei diese aber wohl eine gewisse Nähe zum Symbol haben, nicht aber identisch hiermit sind.

Ein Tisch ist mehr als ein Tisch

Man kann über Symbole reden, theoretisieren, was sie aber im Tiefsten zum Ausdruck bringen, können wir nur spüren, erahnen; und wir können von unsern Erfahrungen, unserem Umgang mit Symbolen erzählen: „Ein Tisch ist ein Tisch. So sagt man. Aber ist es so eindeutig? Ein Tisch ist mehr als ein Tisch. Hier trifft sich die Familie. Gäste kommen und finden Aufnahme in die Hausgemeinschaft. An einem Tisch miteinander zu essen, verbindet alle.

Im Lexikon steht: ‚Tisch, Möbelstück aus waagerechter Platte auf einem oder mehreren Beinen.' Das ist eindeutig – von außen gesehen.

Im Leben der Menschen bedeutet der Tisch die Mitte des Hauses: Symbol der Gemeinsamkeit.

Sachen sind Sachen. Man kann sie zählen, messen, fotografieren. Für Sachen gibt es Kaufhäuser. Man kann sie ersetzen.

Unersetzlich sind die Lebensgründe: Hoffnung und Liebe. Dafür gibt es keine Kaufhäuser, keine Maße und keinen Gegenwert. Hoffnung und Liebe sind immer Geschenke. Weil sie ein Geheimnis und nicht machbar sind, kann man sie eine verborgene oder innere Wirklichkeit nennen.

Solche Wirklichkeit, die niemand ganz kennt, von der aber alle leben, offenbart sich in Symbolen. Die Hand eines anderen halten, ein Kuß, eine Umarmung sind Symbole der Liebe. Symbole zeigen das Unsichtbare. In Symbolen kommunizieren wir mit dem Grund der Welt, aus dem die Menschen leben.

Es gibt vieles im Leben, was unsagbar ist. ‚Das Letzte, das Letzte geben die Worte nicht her.' Die Sprache der unsagbaren Wirklichkeit ist das Symbol. Wer Symbole verstehen lernt,
> geht von außen nach innen,
> von der Oberfläche in die Tiefe,
> von der Schale zum Kern.

Symbole können nicht mit den Augen der Sachenwelt, sondern nur inwendig verstanden werden. Symbole sagen das Unsagbare. Symbole verbinden die Menschen mit der Wirklichkeit hinter der Sachwelt."[1]

Merkmale von Symbolen

Wenn ich nachfolgend Merkmale von Symbolen auflíste, so immer im Bewußtsein, daß dabei mit rationalen Kriterien an etwas herangegangen wird, was rational nicht voll einholbar ist, weil es eben das „Unsagbare" zum Ausdruck bringt. Daher können die Merkmale auch nur annähernd das bezeichnen, was Symbol ausmacht. Zudem ist bei einzelnen Symbolen das eine Merkmal stärker, das andere kaum wiederzufinden. Eine Auflistung von Merkmalen kann den Eindruck erwecken, als wenn hier genau voneinander geschieden werden könne. Die Trennung dient jedoch lediglich dem besseren Verständnis. Letztlich gehören alle Aspekte zusammen und stehen in innerer Beziehung.

Hinweischarakter

1. Das Symbol hat Hinweis-Charakter. Die Tontafel etwa, das sichtbare, symbolische Zeichen, weist auf die Freundschaft, das Symbolisierte, das „eigentlich Gemeinte" hin, auf eine Wirklichkeit also, die nicht gegenständlich ist, die außerhalb, hinter der empirischen Wirklichkeit liegt. Der Ring gibt Auskunft darüber, wer Erbe und Besitzer des Landes ist.

Zeichen und Aussage bilden eine Einheit

2. Dabei ist das symbolische Zeichen (Tontafel) aber nicht vom eigentlich gemeinten (Freundschaft) zu trennen. In der gebrochenen Tonhälfte ist jedem Freund die Freundschaft stets gegenwärtig. Hierin repräsentiert sich das, was zum Ausdruck gebracht werden will. Das Symbol steht im Schnittpunkt zweier Seinsebenen und hat an beiden teil, „im Äußeren offenbart es ein Inneres, im Körperlichen ein Geistiges, im Sichtbaren ein Unsichtbares."[2] Nehmen wir den Kuß als Beispiel, so verweist er nicht „nur" auf Liebe, er selbst ist Ausdruck von Liebe. Diese Repräsentierung, Vergegenwärtigung bezieht sich auf Vergangenes, wie Zukünftiges. Beim Anblick der Tonscherbe erinnert sich jeder Freund an den anderen und denkt hoffnungsvoll an ein Wiedersehen.

Symbole sind nicht ersetzbar

3. Symbole sind nicht ersetzbar. Nur durch ein Symbol ist das, was zum Ausdruck gebracht werden soll, in dieser Intensität und Vergegenständlichung sagbar. Nehmen wir wiederum den Kuß, so ist die hiermit zum Ausdruck gebrachte Liebe nicht „er-setzbar" durch Wort

wie „Ich liebe dich, ich habe dich gern ..." Selbst Blumen oder ein anderes Geschenk sind nicht so aussagestark wie der Kuß.

Gesellschaftliche Bedingtheit

4. Im Allgemeinen leben Symbole durch die Anerkennung der Gesellschaft, d.h., sie sind nicht willkürlich vom Einzelnen zu erfinden oder zu entwerfen, „sie sind gegeben und wurzeln in dem Urgrund menschlicher Kollektiverfahrung."[3] Daß der Weg Symbol für Leben ist, wird nicht von mir oder anderen Einzelmenschen erfunden, vielmehr habe ich dieses Symbol vorgefunden. In unserer Gesellschaft ist dieser Bedeutungsgehalt allgemein anerkannt. Das gleiche gilt für den Kuß. Dieses Beispiel zeigt aber zugleich, daß in anderen Gesellschaften wie auch zu anderen Zeiten der Verweischarakter in anderen Zeichen zum Ausdruck kommen kann: Eskimos symbolisieren Liebe im Zeichen des Nasereibens. Die Gültigkeit des Symbols ist also abhängig von einer bestimmten geschichtlichen wie gesellschaftlichen Situation.

Denken wir aber an unser Tontäfelchen, so wird deutlich, daß Symbole in gewisser Weise doch vereinbart sein können. Die beiden Freunde hätten ja auch einen Zweig, einen Würfel ... zerbrechen können. Das äußere Zeichen ist also u. U. variabel, austauschbar, die gesellschaftliche Bedingtheit kommt im Akt des Zerbrechens zum Ausdruck.

Symbol als Archetyp

Eine z. T. scharfe Auseinandersetzung wird geführt über die Frage, ob Symbole im archetypischen Sinne angeboren seien, oder sich aufgrund jeweiliger individueller Erfahrungen entwickelten.[4] Wenn ich richtig sehe, wird von den Gegnern der Archetypenlehre jedoch nicht berücksichtigt, daß C. G. Jung den Begriff in einen doppelten Sinne bestimmt: 1. als unanschaulicher Archetypus, eine der menschlichen Psyche innewohnende Struktur, psychische Verhaltensweise, die das seelische Leben ordnet; 2. als archetypische Bilder wie Vater-, Mutter-Archetypus, Gottesbilder, Animus und Anima. Archetypen sind also nicht vererbte Vorstellungen, Bilder, Symbole, sie sind zu verstehen als Potenzen, Strukturdominanten, eine Art Bereitschaft, die unser seelisches Erleben ordnet. „Ich begegne immer wieder dem Mißverständnis, daß die Archetypen inhaltlich bestimmt, das heißt eine Art unbewußter ‚Vorstellungen' seien. Es muß deshalb nochmals hervorgehoben werden, daß die Archetypen nicht inhaltlich, sondern bloß formal bestimmt sind, und letzteres nur in sehr bedingter Weise. Inhaltlich bestimmt ist ein Urbild nachweisbar nur, wenn es bewußt und daher mit dem Material bewußter Erfahrung ausgefüllt ist."[5]

Die Tatsache, daß wir in den unterschiedlichsten Kulturen zu den verschiedensten Zeiten gleiche oder ähnliche Bilder bzw. Symbole finden, ist also auch nach Jung nicht dadurch zu erklären, daß diese

Bilder angeboren und von Generation zu Generation weitervererbt würden. Erst bestimmte Erfahrungen lassen diese Bilder in uns entstehen und da die Menschen z. T. gleiche Erfahrungen sammeln, kommt es – aufgrund der gegebenen psychischen Strukturdominanten – zu den gleichen Bildern.

Symbole verweisen auf das Unsagbare

5. Symbole erschließen dem Menschen die Tiefendimensionen, verweisen auf das Unsagbare, Geheimnisvolle, empirisch nicht Faßbare, das, was nicht machbar und kaufbar ist. Freundschaft, Liebe, Sinn meines Lebensweges ... werden mir in Symbolen erschlossen. Die Tontafel, der Kuß, der Weg lassen mich erfahren, daß mein Leben sich nicht eindimensional auslegt, daß es etwas gibt, was „dahinter", unter der Oberfläche, in der Tiefe liegt.

Ambivalenz der Symbole

6. Symbole sind nicht eindeutig, sie haben ambivalente Wirkung. Der Weg als Symbol von Leben führt nicht nur bergauf und geradeaus, es gibt auch Abwege, steinige und krumme Wege, Wege in die Dunkelheit ... Der Kuß ist einerseits Symbol inniger Liebe, er kann aber auch Ausdruck des Verrats und der Niedertracht sein. „In der Ambivalenz der Symbole drückt sich der polare Charakter der Welt aus, in gewisser Hinsicht fallen im Symbol selbst Himmel und Erde zusammen."[6]

Welche Wirkung das Symbol vermittelt –, ob erfreuend oder ängstigend, Hoffnung schenkend oder deprimierend –, hängt ganz entscheidend von der jeweiligen Person und ihrer konkreten Lebenslage ab, auf die hin das Symbol spricht. Trotz aller geschichtlichen und gesellschaftlichen Bedingtheit, ist die Wirkung des Symbols individuell sehr verschieden. Ein Mensch, der oftmals in seinem Leben die zerstörende Kraft eines Hurrikans erlebte, wird das Symbol Wind anders empfinden, als jemand, der nur „laue Winde", im höchsten Fall einen Sturm kennenlernte.[7]

Zeichen und Symbol

„In Anlehnung an die Mehrzahl der Symbolforscher kann man festhalten, daß zwar alle Symbole Zeichen sind, aber nicht alle Zeichen Symbole."[8] Gerade der Gedanke der Ambivalenz macht es erforderlich, zu unterscheiden zwischen Symbol und Zeichen. Dabei ist speziell auf drei Unterschiede hinzuweisen:

Symbole sind mehrdeutig

1. Zeichen sind definierbar und damit eindeutig. Das Symbol hingegen hat keine klar umrissene Gültigkeit, es ist mehrdeutig. Die rote Ampel ist ein Zeichen, das ganz eindeutig bestimmt: Halt! Der Berg aber kann Größe und Macht ebenso symbolisieren wie Tod und Verderben, er kann Ort Gottes ebenso sein wie Pforte zur Hölle. Und meditiert man alleine oder in Gemeinschaft im Angesicht eines Berges, so wird eine nicht eingrenzbare Bedeutungsspanne des

Symbols Berg erahnbar. Wenn Paul Ricoeur sagt: „Das Symbol gibt zu denken", so ist damit genau dieses Nicht-Eingrenzbare ausgedrückt.

Symbole sprechen den ganzen Menschen an

2. Symbole sprechen den ganzen Menschen an, Zeichen hingegen richten sich an den Verstand, das intellektuelle Einsehen. Das Symbol Wüste kann mich erschauern und bewundern lassen, es kann mir Angst einflößen ebenso wie unstillbare Sehnsucht nach Weite und Grenzenlosigkeit, es kann mich bewegen, Wüsten meines Lebens nicht zu vertuschen, sich ihnen vielmehr offen und ehrlich zu stellen. Symbole sprechen also Gefühle, Wille und Verstand, alle Kräfte des Menschen an. Bei einem Stopschild hingegen weiß ich, daß ich zu halten habe. Hier werde ich primär kognitiv angesprochen, wobei nicht zu bestreiten ist, daß auch Gefühle mitspielen, z. B. wenn ich etwa verärgert reagiere. Der Mensch ist immer eine Einheit und kann nie völlig einseitig – etwa *nur* vom Intellekt her – angesprochen werden. Aber es gibt Gewichtungen, und beim Zeichen liegt das Hauptgewicht auf der kognitiven Ebene.

Gerade im Symbolbegriff Jungs wird der Gedanke der Ganzheitlichkeit herausgestellt. Indem uns Symbole mit dem Unbewußten verbinden, sind sie Einbruch des Unbewußten in unser Bewußtsein. Während das Bewußte aber immer einseitig ist, bestimmte Aspekte betont, will hingegen das Unbewußte Ganzheitlichkeit. Im Blick auf den Umgang (auch den unterrichtlichen) mit Symbolen bedeutet das: Jede einseitige, etwa rein rationale Auseinandersetzung mit Symbolen ist in sich ein Widerspruch. Umgang mit Symbolen spricht stets **alle** Kräfte des Menschen an, muß daher ganzheitlich sein.

Gesellschaftliche und geschichtliche Bedingtheit

3. An den Verkehrszeichen wird besonders deutlich, daß sie von Menschen festgelegt wurden. Wohl haben sie eine gewisse Einsichtigkeit, aber es hätte viele andere Möglichkeiten ihrer konkreten Gestaltung gegeben. Menschen, die Definitionsmacht hatten, haben sich hierauf geeinigt. Ganz anders das Symbol, es ist, wie oben unter 4. gesagt, nicht willkürlich erfunden, sondern gesellschaftlich, geschichtlich bedingt. Wie Geschichte und Gesellschaft dynamisch sind, so verändern sich auch Symbole in ihrer Aussage. Gerade der Symbolische Interaktionismus[9] hat herausgearbeitet, daß Menschen, indem sie symbolisch kommunizieren, die verwendeten Symbole interpretieren und verändern.

2. Die Bedeutung von Symbolen im Leben des Menschen

Wie sehr auch der heutige Mensch mit Symbolen lebt, ist uns oft nicht bewußt. Ja, man hört sogar die Meinung, in unserem technisierten und rational druchstrukturierten Zeitalter hätten Symbole keine Bedeutung mehr.

Siegfried Lenz erzählt eine Geschichte

In seinem Erzählband „Das serbische Mädchen" berichtet Siegfried Lenz in der gleichnamigen Erzählung[10] von einer jungen Jugoslawien, die sich in einen deutschen Urlauber verliebt. Als Besiegelung der gegenseitigen Liebe zerbrechen Dobrika und Achim einen Löffel, jeder erhält eine Hälfte. Dann müssen sie sich trennen. Für Dobrika ist dieses Löffelteil realer Ausdruck tiefempfundener Liebe. Sie flieht von zu Hause und schlägt sich bis Hamburg durch, um bei ihrem Achim zu sein. Hier zeigt sich aber, daß Achim sein symbolisches Zeichen nicht findet, die Löffelhälfte und damit die Liebe zu Dobrika war für ihn eine bedeutungslose Episode.

Siegfried Lenz hat die ursprüngliche Bedeutung von Symbol – zusammenfügen, vereinigen – aufgegriffen und erzählerisch dargestellt. Überhaupt ist moderne Kunst – ob bildende Kunst, Literatur, Musik – ohne Symbole nicht zu denken. Das Unverständnis, auf das häufig (moderne) Kunst beim (heutigen) Menschen stößt, erklärt sich zu einem großen Maße daher, daß er nicht in der Lage ist, deren symbolische Aussagen nachzuvollziehen.

In allen Lebensbereichen spielen Symbole eine zentrale Rolle

Über die Kunst hinaus spielen Symbole in den unterschiedlichsten Lebensbereichen der Menschen eine zentrale Rolle. Wenn wir an Formen positiver menschlicher Beziehungen denken, an Zuneigung, Liebe, so könnte man eine schier unbegrenzte Zahl von Beispielen anführen: Blumen, Kuß, Briefe, Sprüche, Bilder, Umarmung, Zärtlichkeit, Gruß, Lächeln ... Berücksichtigen wir das äußere Erscheinungsbild von Menschen wie der von ihm gestalteten Umwelt, so sind seine Kleidung, Haartracht, Wohnung, Gehabe ... Ausdruck für eine bestimmte Lebenseinstellung. Daß Auto, Urlaub, Haus ... als „Statussymbole" eingestuft werden, ist bekannt. Ohne Symbole ist der ganze Bereich der Werbung undenkbar. Dabei werden Symbole hier z. T. manipulativ, die Freiheit des Menschen bewußt eingrenzend, eingesetzt. Jugend als solche ist schon ein Symbol; Sport, Fans, Stars, Motorräder sind weitere Jugendsymbole. Häufig erhalten uralte Symbole innerhalb moderner gesellschaftlicher Strömungen eine neue Aktualität; zu denken wäre an die Öko-Bewegung und die ihr wichtigen Symbole wie

Baum, Kette (Menschenkette), Friedenstaube, Friedensgebet ... Selbst religiöse Symbole sind nicht ausgestorben, stehen in einer sich säkularisiert gebenden Gesellschaft aber in besonderer Gefahr, zu Klischees zu verkommen: Christkind, Stern, Osterhase, Weihnachtsmann ...

Symbole können etwas vortäuschen

Zu allen Zeiten konnten Symbole auch die Funktion haben, die Wirklichkeit zu vertuschen, etwas vorzuspielen. In unserer heutigen Leistungsgesellschaft ist dies verstärkt zu beobachten. Es zählt nur der, der es zu etwas bringt, Erfolg hat. „Entweder strengt man sich persönlich an oder man ‚leiht‘ sich den Erfolg von anderen, etwa dadurch daß man ... sich bestimmte ‚Symbole‘ verschafft (Moped, Zigarette, Pfeife, Auto usw.), durch die man seine ‚Tüchtigkeit‘ der Umwelt signalisieren kann."[11]

Die Sprache ist unser wichtigstes Symbol

Das wohl wichtigste Symbol ist unsere Sprache. Jedes Wort steht für einen –, ist Ausdruck von einem Gegenstand, Sachverhalt ... Wenn wir zugleich bedenken, daß wir erst mittels der Sprache – wobei dies nicht unbedingt eine akustische Sprache sein muß – menschliche Beziehungen knüpfen, Welt erfassen und verstehen können, so wird die *alles* menschliche Leben umgreifende Bedeutung von Symbol erkennbar. Der Mensch als *Einheit* von Leib und Geist kann sich niemals *nur* als Leib oder *nur* als Geist ausdrücken. Das Symbol verkörpert diese Einheit.

3. Die Bedeutung von Symbolen für Religion und Glaube

Das Symbol ist die „Sprache der Religion"

Paul Tillich bezeichnet das Symbol als die „Sprache der Religion"[12]. Die vorangehenden Überlegungen haben deutlich gemacht, daß unser *ganzes* Leben entscheidend von Symbolen bestimmt ist, nicht nur ein Bereich, etwa der religiöse. Dennoch ist nicht bestreitbar, daß Symbole für Religion und Glaube eine zentrale Bedeutung haben, daß religiöse Erfahrungen, Leben aus dem Glauben ohne Symbolsprache nicht zu denken sind.[13]

Schöpfung als Symbol Gottes

Gehen wir von einem weiten Symbolbegriff aus, so kann alles Geschaffene letztlich Verweis auf seinen Schöpfer sein. „Nicht alles ist göttlich, aber in allem, was mir begegnet, kann sich mir eine göttliche Botschaft erschließen."[14] Demnach kann uns alles, was uns widerfährt, auf den verweisen, der es geschaffen hat. In diesem Sinne benennen und decken Symbole das Tiefste, Grundlegendste auf, was überhaupt ist, nämlich Gott.

Symbole können zu Götzen verkommen

Wie aber bei den Merkmalen von Symbolen betont, so haftet auch religiösen Symbolen Zweideutigkeit, Ambivalenz an. Religiöse Symbole können zu Götzen verkommen. Die Religionsgeschichte zeigt uns hierfür eine unüberschaubare Fülle von Beispielen. Im Augenblick, wo der Hinweischarakter verloren geht, der symbolische Stoff, das Äußere Zeichen zum Eigentlichen wird, entartet das Symbol zum Götzen. Donner, Blitz, Wind, als Bild des Gottes sind vergötzt, wenn sie selber als das Göttliche gesehen werden, nicht aber als Zeichen für, Hinweis auf Gott. Dabei kann diese Vergöttlichung auch sehr subtile Formen annehmen. Es muß nicht die totale Identifikation des äußeren Zeichens mit Gott selber vorliegen, auch die Zuschreibung von göttlichen Eigenschaften kann schon Vergötzung sein. Wo einem Gegenstand, einem Menschen übernatürliche Kräfte, außermenschliches Wissen zugeschrieben werden, da kann der Hinweischarakter auf Gott verlorengehen, das Symbol zerstört werden.

Wahrheit der Symbole

Hier stellt sich die schwierige Frage nach der Wahrheit des religiösen Symbols. Für Paul Tillich machen **Authentizität** und **Angemessenheit** die Wahrheit des religiösen Symbols aus. Authentisch ist es, wenn das Symbol eine lebendige Erfahrungen zum Ausdruck bringt, die eine wirkliche Beziehung zu Gott ausdrückt. So kann das Symbol „Wasser" Ausdruck der lebensspendenden Kraft Gottes sein, weil Erfahrungen mit Wasser mir selbst dies deutlich gemacht haben. Angemessen ist ein religiöses Symbol, wenn es über sich hinausweist, nicht aber selbst verabsolutiert und damit vergötzt wird.[15]

4. Das Symbol als bildhafte Ausdrucksweise

Symbol als Bild

Im literarischen Sinne gehört das Symbol zur Gruppe der Bilder oder bildlichen Ausdrucksweisen. „Bilder sind ... als verhältnismäßig geschlossene Sprachgebilde zu verstehen, denen Gefühlseindringlichkeit und Unmittelbarkeit (ohne längere rationale Brücke) wesenhaft sind."[16] Das Symbol ist „auf dichterischer Ebene eine bildhafte Gestaltung, die durch ihre eindringliche Wirkung auf Gefühl und Phantasie Blicke in Tiefen eröffnet mit einem großen Reichtum an Beziehungen."[17]

Wie sehr Tiefe und Beziehungsreichtum das Symbol in der Dichtung charakterisieren, belegen beispielhaft Rilkes Verse aus dem Stundenbuch.

> Ich lebe mein Leben in wachsenden Ringen,
> die sich über die Dinge ziehn.

Ich werde den letzten vielleicht nicht vollbringen,
aber versuchen will ich ihn.

Ich kreise um Gott, um den uralten Turm,
und ich kreise jahrtausendelang;
und ich weiß noch nicht: bin ich ein Falke, ein Sturm
oder ein großer Gesang.[18]

Die Jahresringe des Baumes sind hier Symbol für das Wachsen des Menschen; der Turm ist Bild Gottes; Falke, Sturm und Gesang symbolisieren Weisen, wie sich der Mensch zu Gott verhalten kann.

Hermann Hesse zeigt im Bild des Schmetterlings wie das Glück dem Menschen begegnen kann.

Blauer Schmetterling

Flügelt ein kleiner blauer
Falter vom Wind geweht,
Ein perlmutterner Schauer,
Glitzert, flimmert, vergeht.
So mit Augenblicksblinken,
So im Vorüberwehn
Sah ich das Glück mir winken,
Glitzern, flimmern, vergehn.[19]

5. Symbole in der religiösen Erziehung

Religiöse Erziehung ist auf Symbole verwiesen

Die vorangehenden Überlegungen haben verdeutlicht, daß Gott und der Glaube an Gott einzig in Symbolen aussagbar sind. Damit ist der ausschlaggebende Grund benannt, daß jede Form religiöser Erziehung notwendigerweise und prinzipiell auf Symbole verwiesen ist. Differenzierter sei dieser Gedanke aus religionspädagogischer, biblischer wie pastoraltheologischer Sicht erläutert:

Religionspädagogische Begründung

1. Heutige Religionspädagogik geht vom korrelationsdidaktischen Ansatz aus, d. h. religiöse Erziehung hat zum Ziel, Leben und Glauben in Beziehung zu setzen, zu verzahnen. Im Symbol ist diese Korrelation grundsätzlich angelegt: Die Erfahrungen, die wir im Leben sammeln, können uns auf das, was dahinter steht, auf eine unergründliche Tiefe, auf das Geheimnishafte der Wirklichkeit verweisen. Dies läßt sich besonders eindrücklich an den sogenannten Ursymbolen belegen. Nehmen wir den Baum, so verweist er uns auf unser Erdverbunden-, Gehalten-, Getragensein, auf unser Streben

nach oben, auf unser Abhängigsein von Erde, Luft, Wasser ... Keine theoretische theologische Abhandlung vermag uns so intensiv das Verhältnis des Menschen zu Gott erfahrbar machen wie etwa ein Baumerlebnis.

Biblische Begründung

2. Berücksichtigen wir, daß die Inhalte religiöser Erziehung wesentlich an der Bibel orientiert sind, so zeigt sich auch von hierher, welch tragende Rolle Symbole einnehmen müssen. Die biblischen Autoren haben ihre Botschaft weitgehend in Symbolen übermittelt. Greifen wir beispielsweise Jesu Gleichnisse und seine Wunderhandlungen heraus, so wird deutlich, wie der Kern biblischer Botschaft in Symbolen spricht. So verweisen Weizenkorn, Perle, Lilie auf Gott und sein Reich, ebenso symbolisieren die Zeichenhandlungen (Wunder) Jesu das Reich Gottes, in dem es weder Krankheit, noch Leid, noch Tod gibt. Sollen junge Menschen die Inhalte des Glaubens im Sinne der biblischen Botschaft hören und für ihr Leben bedeutsam werden lassen, müssen sie daher in der Lage sein, die Sprache der Symbole zu verstehen.

Pastoraltheologische Begründung

3. Denken wir schließlich an die „religiöse Praxis", so finden wir auch hier eine Fülle von Symbolen. Herausgegriffen seien die Sakramente. Sakramente sind Symbolhandlungen, die im Handeln (äußeres Zeichen) ausdrücken, was sie bewirken. Indem beispielsweise der Täufling mit Wasser übergossen wird, erhält er neues Leben, Leben in der Gemeinschaft derer, die sich mit Christus verbunden glauben.

Nicht selten hört man die Meinung, Umgang mit Symbolen setze ein besonderes Maß an Intelligenz und religiöser Sensibilität voraus, Kinder und Jugendliche aber, denen diese Sensibilität wie Intelligenz fehle, könnten keinen oder nur einen äußerst begrenzten Zugang zu Symbolen finden. Dem ist entschieden zu widersprechen. Zunächst gilt es grundsätzlich festzuhalten: Jedem Menschen können Symbole helfen, sein Leben zu ordnen, Halt, Vertrauen, Bejahung zu finden. Dabei wird es – je nach persönlicher Situation und Erziehung – sehr verschieden sein, welches konkrete Symbol nun für jemanden bedeutsam wird. Auch wird jeder in je eigener Weise auf ein bestimmtes Symbol reagieren. Bezüglich junger Menschen mit Lern- und Erziehungsproblemen habe ich in einer Sonderschule für Lernbehinderte erfahren, daß die Schülerinnen fähig und offen sind für den Umgang mit Symbolen, falls sie in der für sie adäquaten Form hiermit vertraut gemacht werden.

Religiöse Lernbehinderung

Gerade im Blick auf religiöser Erziehung, ist der Begriff Lernbehinderung aber viel weiter zu fassen, als dies traditioneller Weise geschieht. Wir müssen davon ausgehen, daß auf Grund unterschiedlichster Ursachen die Voraussetzungen und Möglichkeiten religiöser Erziehung in unseren Breiten weiter erschwert werden, daß „religiöse Lernbehinderung" sich mehr und mehr ausbreitet und gerade auch in Regelschulen wie im Bereich außerschulischer religiöser Erziehung zunimmt. Dies voraussetzend, hat die Frage, ob es möglich ist, Lernbehinderten Zugang zu Symbolen zu eröffnen, exemplarische, über die Lernbehinderten im engeren Sinne hinausweisende Bedeutung.

Was versteht man unter Lernbehinderung?

Daß der Begriff „Lernbehinderung" in sich sehr problematisch ist, wird in der einschlägigen modernen Fachliteratur allenthalben betont und muß nicht weiter diskutiert werden. Für unsere Überlegungen ist es ausreichend, wenn wir ganz allgemein darauf hinweisen, daß Lernbehinderung ein komplexer Zustand ist (individuelle und soziale Komponente), der die Betroffenen beeinträchtigt im Prozeß des Lernens. „Lernen wird hier als Prozeß zunehmender Erfahrungsbildung aufgrund eines aktiven Austausches mit der Umwelt verstanden ... Von Lernbehinderung ist dann zu sprechen, wenn dieser Prozeß.. gestört, unterbrochen, verhindert ist. Eine so verstandene Lernbehinderung kann jedem Menschen unter bestimmten Bedingungen widerfahren. Sie tritt dann ein, wenn die Umwelt keine Lerngegenstände oder Lerninhalte bietet, die den individuellen Lernvoraussetzungen angemessen sind."[20] Hieraus ergibt sich die pädagogische Forderung für die Schule, mit beizutragen, daß die Schüler aufgrund eines aktiven Austauschs mit der Umwelt entsprechende Erfahrungen sammeln können. Dies gilt auch im Blick auf Symbole. „Wie die Schüler der Regelschule, so besitzt auch der Lernbehinderte die Fähigkeit, sich in bildhaften Symbolen auszudrücken und Symbole zu verstehen".[21] Entscheidend ist, daß inhaltlich und methodisch die Akzente gesetzt werden, die für Lernbehinderte erfaßbar und nachvollziehbar sind.

Sprachfrei und anschaulich unterrichten

In diesem Zusammenhang ist speziell auf sprachliche Defizite hinzuweisen. Bekanntlich haben Lernbehinderte verbreitet Probleme mit allen Leistungen, die an Sprache gebunden sind. Für LehrerInnen ergibt sich daraus die Konsequenz, einerseits beizutragen, die sprachlichen Fähigkeiten der Schülerinnen und Schüler zu steigern, andererseits solche Leistungen zu stärken, die eher sprachfrei und anschauungsgebunden zu erarbeiten sind. Daher betont H. G. Richter, daß Lernbehinderte Symbole verstehen und ausdrücken „in den verschiedenen Formen des Spiels, den Ausdrucksweisen von Mimik und Gestik, den graphischen, malerischen oder plastischen Aktionen und in den anderen Tätigkeiten, in denen Mitteilungen außerhalb des vorhandenen Sprachsystems veröffentlicht werden."²² Daß gerade Symbole eine verstärkte Chance bieten für einen Unterricht, der nicht einseitig sprachlich orientiert ist, ergibt sich eindeutig aus den genannten Merkmalen. Besonders die Tatsache, daß Symbole ganzheitlich den Menschen ansprechen, eben nicht nur auf seine kognitiven Fähigkeiten ausgerichtet sind, spricht für einen „symbolorientierten" Unterricht in der Schule für Lernbehinderte. Je nach Situation und Fähigkeiten wird es aber auch möglich sein, die Aussagen von Symbolen bewußt werden zu lassen, ihre Bedeutung rational und reflexiv mit den Schülerinnen und Schülern zu erschließen.

Es sei nochmals ausdrücklich wiederholt: Da in zunehmendem Maße junge Menschen aller Bildungs- und Erziehungsschichten von „religiöser Lernbehinderung" betroffen sind, kann das, was hier über Lernbehinderte im engeren Sinne gesagt wurde, generalisiert werden und sollte daher in allen Schularten wie allen Formen religiöser Erziehung Berücksichtigung finden.

6. Der Umgang mit Symbolen im Kindesalter

Die Auffassungen von Halbfas und Bucher

Unterschiedliche Positionen gibt es in der Frage, ab welchem Alter man Kinder mit Symbolen konfrontieren dürfe. In einem sich aufbauenden Prozeß beginnt Halbfas mit der Hinführung zu Symbolen bereits in der ersten Klasse. A. Bucher widerspricht dem entschieden, da empirische Untersuchungen ergeben hätten, daß der Ansatz von Halbfas „in einer kaum verantwortbaren Art und Weise verfrüht" sei²³ . Halbfas hält dagegen: „Dabei ist hier nichts zu verfrühen. Bevor ... das Kind lesen lernt, begreift es sich und die Welt in Märchen und symbolischen Sinngestalten ... Kinder kommunizieren auf unmittelbare Weise mit Symbolen: Es beginnt mit dem Puppenspiel, bei dem sie „Gott und die Welt" erfassen ... Das ganze kindliche Phantasie- und Rollenspiel ist eine symbolische Partizipation am großen, noch so geheimnisvollen Leben ... Denn weil Symbole nicht intellektuell entworfen werden, sondern wesentlich aus dem vorrationalen Unbewußten leben, bedarf es auch nicht der entwickelten Intelligenz, um sich mit Symbolen zu befassen ... Also ist die Begegnung mit Symbolen im 1. Schuljahr ebensowenig verfrüht wie im Kindergarten."²⁴

Schon Kleinkinder handeln symbolisch

Die psychologische, speziell psychoanalytische Literatur bietet eine Fülle von Belegen, aufgrund derer man davon ausgehen kann, daß symbolisches Handeln bereits in frühester Kindheit vorliegt. Das vielleicht bekannteste Beispiel liefert uns Sigmund Freud: Ein eineinhalbjähriger Junge wirft immer wieder eine Garnrolle von sich weg und wird dabei traurig. Zieht er die Rolle an einem Faden zurück, so hellen sich seine Gesichtszüge auf, er wird froh. Freud interpretierte dieses Tun als symbolischen, in Handlung gesetzten Nachvollzug des Verschwindens der Mutter und ihrem Wiederkommen[25]. Ein derartiger Nachvollzug ist ein wichtiger Schritt zur Konfliktbewältigung. Indem das Kind das Getrenntwerden symbolisch übt, entwickelt es sein eigenes, mehr und mehr eigenständiges Selbst.

Übergangsobjekt

Die Tatsache, daß der Mensch schon von seiner Säuglingszeit an Umgang mit Symbolen hat, sich selbst Symbole schafft, ist nicht zu bestreiten. „Vom vierten bis zwölften Monat an kann man bei jedem Kleinkind beobachten, daß Dinge aus seiner nächsten Umgebung, die leicht und verläßlich zur Hand sind (eine Handvoll Wolle, ein Tuchzipfel, später ein Stofftier oder Teddy), eine unvergleichliche Bedeutung erhalten. Das Kind kann daran saugen und sich damit streicheln; es übersteht aber auch Wut und Aggression des Kindes. Das Übergangsobjekt erfüllt nicht nur Triebwünsche, sondern auch das Grundbedürfnis nach Geborgenheit und Zärtlichkeit. Das Kind schafft sich die Objekte, die es den inneren Bedürfnissen entsprechend benötigt, um die Trennung von der Mutter zu bewältigen."[26] Es muß als gesichert festgehalten werden, „daß die Symbolbildung der Sprachentwicklung vorausliegt."[27]

Rationales Symbolverständnis

Eine andere Frage ist, ab welchem Alter eine auch intellektuelle Erfassung und Reflexion der Symbolinhalte vollzogen wird. Dies setzt sicherlich eine Reife voraus, die in aller Regel in der Grundschule noch nicht in ausreichendem Maße gegeben ist. Wobei allerdings daran zu erinnern ist, daß Symbole nie vollständig rational einzuholen sind, auch von Erwachsenen nicht. Geht es um die intellektuelle Erfassung, so kann man Bucher wohl weitgehend zustimmen: „Jedenfalls scheint es verfrüht, vor dem ca. zwölften Lebensjahr Symbole als Symbole einbringen zu wollen."[28] Es ist jedoch nicht das Ziel der Konzeption von Halbfas, die Kinder einseitig zu einer kognitiven Erfassung von Symbolinhalten zu führen. Vielmehr geht es ihm um einen **ganzheitlichen** Umgang mit Symbolen. Ein solcher Umgang ist aber sicherlich von frühester Kindheit an möglich. Was die intellektuelle Auseinandersetzung mit Symbolen betrifft, so ist auch sie als ein Prozeß zu verstehen, der gerade durch einen schulischen Unterricht zu fordern ist. Die intellektuelle Auseinandersetzung mit Symbolen ist nur *ein* Aspekt symboldidaktischen Handelns. In keiner Lebensphase sollte man sich hierauf beschränken, sie aber stets *mit* im Auge behalten.

Erste und Zweite Naivität

Die Diskussion um die Entwicklung des Symbolverständnisses wird gerade in neuester Zeit unter den Begriffen „Erste -" und „Zweite Naivität" geführt. Die Unterscheidung stammt von Paul Ricoeur, für den „Erste Naivität" ein wörtliches Verstehen von Mythen, Glaubensaussagen, Symbolen bezeichnet, während „Zweite Naivität" ein reflexes intellektuelles Erfassen charakterisiert. Für ein Kind ist es typisch, daß es Symbole im eindimensionalen Sinne aufnimmt, deren Mehrschichtigkeit nicht begreift. Nach der kognitivstrukturgenetischen Entwicklungstheorie von Piaget durchschreitet der Mensch spezifische Phasen des Verstehens seiner Welt und ihrer intellektuellen Erfassung. Mit zunehmender Reife entwickelt demzufolge das Kind die Fähigkeit, Symbole als Symbole zu erkennen, intellektuell und reflex zu verstehen und dies auch sprachlich zu artikulieren.

Bucher plädiert nun entschieden dafür, Kindern zu ermöglichen, daß sie ihre altersspezifischen Phasen und Denkstrukturen auch durchleben können. Dieser Entwicklungsgang dürfe nicht dadurch ge- oder zerstört werden, daß vorzeitig Denkweisen an sie herangetragen werden, deren Verstehensbedingungen erst auf Grund späterer Phasen gegeben seien. Diese Gefahr einer Überforderung, weil zu frühen Konfrontation mit Inhalten, die erst auf einer späteren Entwicklungsstufe verstehbar seien, sieht er speziell im symboldidaktischen Konzept von Halbfas.[29]

Was gilt es zu beachten?

Aus der gesamten – hier nur verkürzt wiedergegebenen – Diskussion sollte man eine wichtige Konsequenz ziehen, die es gerade im Unterricht zu berücksichtigen gilt: Umgang mit Symbolen muß einerseits die alters- und phasenspezifischen Fähigkeiten der Schülerinnen und Schüler berücksichtigen und nichts aufzwingen, was ihnen von ihrer Entwicklung her fremd, weil verfrüht ist; zugleich haben aber ErzieherInnen die Aufgabe, entsprechende Anregungen (inhaltlicher wie methodischer Art) zu geben, die dazu beitragen, daß die Kinder in ihrer Entwicklung voranschreiten, daß sie auch im intellektuellen und religiösen Denken und Verstehen wachsen.

7. Symboldidaktische Konzepte

Drei Grundtypen

Seit etwa 1980 wird das Thema Symboldidaktik religionspädagogisch stark diskutiert. Dabei werden inzwischen auch unterschiedliche Positionen vorgetragen. Peter Biehl hat diese in Grundtypen, in drei symboldidaktischen Konzeptionen, zusammengefaßt.[30]

Hubertus Halbfas

Für Hubertus Halbfas konfrontiert jedes wahre Symbol mit Sinn. „Wer die innere Kommunikation mit diesem Symbol aufnimmt, erfährt zugleich die orientierende Tiefe des Symbols, das zur Lösung der Sinnfrage ein umfassendes und zugleich unerschöpfliches, eben symbolisches Angebot macht. Religiöse Symbole enthalten eine Dimension der Lebenserfahrung, die grundsätzlich das Außen und das Innen vereint, und zugleich einen prospektiven Sinnentwurf, den einzuholen auf den Weg der Individuation führt ... Die integrierende, ganzheitliche Funktion des Symbols ist zweifellos der zentrale Vorgang jeder Symbolbildung."[31] Daher muß der Mensch in sich das „dritte Auge" entdecken. „Mit dem dritten Auge ist jener Blick gemeint, der hinter die Alltagsgestalten dieser Welt sieht, der den geistigen Sinn der Dinge erfaßt, das Licht der Finsternis."[32] Symboldidaktik geht es um die Entwicklung eines „Symbolsinns", und nicht um eine einseitig rationale, unterrichtlich geplante Auseinandersetzung mit Symbolen. „Symbole wollen nicht gewußt, Symbole wollen erfahren werden. Ein guter Didaktiker lehnt deshalb Unterricht ‚über' Symbole ab; er inszeniert den Umgang mit Symbolen. Das Symbol ist im eigentlichen Sinne kein Unterrichts,thema', es ist eine vom empirischen zum metaempirischen hinüberschreitende Dimension, die statt dem direkten Zugriff eher dem indirekten Weg offensteht."[33] Daher warnt Halbfas davor, den symboldidaktischen Ansatz zum symboltheoretischen Verbalismus verkommen zu lassen.

Wie kein anderer hat Halbfas ein umfassendes Konzept entworfen, didaktisch umgesetzt und in einem zehnbändigen Schulbuchwerk mit dazugehörigen Lehrerhandbüchern vorgelegt. Daß gegen diesen Ansatz eine Reihe von Bedenken vorgetragen wurden und werden, ist nicht anders zu erwarten.[34] Mir scheint, besonders zwei Anfragen gilt es zu bedenken: 1. Berücksichtigt Halbfas in ausreichendem Maße die erforderliche rationale Auseinandersetzung mit Symbolen, ist sein Ansatz wirklich ganzheitlich oder haben wir es doch mit einer einseitigen Überbetonung des Metaempirischen, Irrationalen, Affektiven zu tun? Wenn Symbole, wie bei den Merkmalen dargelegt, ambivalent sind, dann bedarf es *auch* einer kritischen und rationalen Beschäftigung mit ihnen. Letztlich scheint mir Halbfas dieser Forderung jedoch nachzukommen, gegenteilige Vorwürfe sind wohl nicht gerechtfertigt. Das Maß kritischer Auseinandersetzung hängt stets von den Fähigkeiten der jeweiligen Schüler ab und wird je nach Schülerschaft sehr verschieden ausfallen. Daher intendiert Halbfas bezüglich des Primarbereichs, daß die Kinder Erfahrungen mit Symbolen sammeln und den Umgang pflegen. Eine kritisch-rationale Auseinandersetzung sieht Halbfas ab dem 6. Schuljahr vor.[35] 2. Angefragt wird auch, ob das Symbol wirklich **die** Sprache des Glaubens sei. Unterbindet eine solche Behauptung nicht die rationale, wissenschaftlich theologische Auseinandersetzung mit Glaube? Dem ist entgegenzuhalten, daß von Gott, Dreifaltigkeit, Gnade ... einzig in Symbolen zu reden ist. Der Theologie kommt dann die Aufgabe zu, unser Reden über Gott ... auf seine innere Stimmigkeit wie auf seine Stimmigkeit im Blick auf unsere Lebenserfahrungen hin zu befragen. Auch diesbezüglich scheinen mir Vorwürfe gegenüber Halbfas nicht haltbar. Viele seiner Werke, insbesondere die Lehrerhandbücher belegen sein Bemühen um eine auch wissenschaftlich fundierte theologische Auseinandersetzung mit den Fragen des Glaubens.

Yorick Spiegel

Nicht um einen inneren Symbolsinn, vielmehr einzig um die Wirkung von Symbolen in der gegenwärtigen Situation, geht es Y. Spiegel. Den von Tillich betonten Unterschied zwischen religiösen und „weltlichen" Sinn-Bildern akzeptiert er nicht. Dementsprechend stehen für ihn moderne Reklamebilder, Dichterworte, Kultbilder, politische Parolen, biblische Worte auf einer Ebene. Daß religiöse Symbole, im Unterschied zu allen anderen Sinn-Bildern, die Tiefendimension der Wirklichkeit erschlössen, wird verneint. Es gibt keine qualitativen Unterschiede, erst recht keine Hierarchie der Symbole. Die Wirksamkeit der Symbole geschieht nun nicht quasi automatisch, vielmehr regen Symbole die Phantasie und die Kräfte des Einzelnen wie der jeweiligen Gruppe an. „Sie greifen nicht über unsere Köpfe hinweg ein, das müssen wir schon selber tun. Sie erwärmen unsere Herzen, lassen uns schneller laufen und handfester an unsere Aufgaben gehen."[36] Für Spiegel sind die Sinn-Bilder auch keine feststehende Größe. „Sinn-Bilder müssen bei uns Wohnung nehmen, um hilfreich zu sein, aber sie müssen entwicklungsfähig bleiben. Was in einem Lebensabschnitt die einzige Möglichkeit zu überleben war, kann später in die Enge führen."[37] Kritische Symboldidaktik geht daher von heutigen Sinn-Bildern aus, konfrontiert sie mit überlieferten Glaubenssymbolen und fragt, ob und wie eine Weiterentwicklung dieser möglich ist, damit sie einen Beitrag zur Dynamik des Lebens, zur Verarbeitung von Konflikten leisten können.

Problematisch an diesem Ansatz ist eine Überbetonung des Kritisch-Rationalen. Wenn es grundsätzlich nur um die Feststellung der Wirkmacht heutiger Symbole geht, ist ein Sich-Einlassen auf Symbole letztlich nicht angestrebt. Wenn zudem bestritten wird, daß es Symbole gebe, die auf die Tiefendimensionen des Daseins verweisen, dann fragt es sich, was Symboldidaktik zum Eigentlichen des Religionsunterricht beitragen könne. Wohl kann man Symbole auch soziologisch und psychoanalytisch interpretieren, für ReligionspädagogInnen darf aber insbesondere die theologische Deutung nicht ausgeschaltet werden. „Bei Sinnbildern, die ausschließlich immanent-empirisch entwickelt und gedeutet werden, ist psychische Stärkung möglich, nicht aber eine Freisetzung des Glaubens."[38]

Horst Kämpfer, Joachim Scharfenberg

Den dritten Grundtypus vertreten H. Kämpfer und J. Scharfenberg. Nach diesen beiden Autoren haben Symbole die zentrale Funktion, Konflikte zu bearbeiten und zu lösen. Soziologisch gehen sie im Sinne des Symbolischen Interaktionismus von einem sehr weiten Symbolbegriff aus. Symbole sind Reize, die eine Bedeutung haben. All unser Handeln geschieht in Form symbolischer Kommunikation. Menschen können *nur* mit Hilfe von Symbolen interagieren. Diese Symbole – Personen, Sachen, Vorstellungen, Handlungen, Situationen – sind aber in ihrer Bedeutung von mehreren Komponenten abhängig. „Danach handeln Menschen 1. auf der Grundlage von Bedeutungen, die Dinge ihrer Umwelt (physische Gegenstände, soziale Handlungen, Situationen, Institutionen, Kategorien) für sie besitzen. 2. Die Bedeutung der Dinge konstituiert sich in sozialen Interaktionen und kann 3. durch Interpretationen, die in den Interaktionen entstehen, verändert werden."[39] Symbol ist also alles, was Bedeutung trägt, was Sinn konstituiert und im Prozeß der Interaktion selbst angewandt, zugleich aber verändert, interpretiert werden kann. Symbole „lösen im Menschen all jene Bedeutungen aus, die in bisherigen Interaktionen mit den entsprechenden Objekten gewonnen wurden, um ihn zur Handlung anzuleiten. In neuen Interaktionszusammenhängen wird diese Bedeutung immer wieder neu gewonnen."[40]

Kognitive Entwicklungspsychologie

Psychologisch lehnt sich dieser Grundtyp der kognitiven Entwicklungspsychologie Erik Eriksons an. Erikson analysiert acht Phasen der psychosozialen Entwicklung des Menschen.[41] Jede Phase ist durch einen typischen Grundkonflikt bestimmt, der innerhalb der betreffenden Lebensphase „gelöst" werden soll (soweit dies möglich ist), aber als Aufgabe lebenslang bewältigt werden muß. „Symbole helfen, diese Konflikte zu bearbeiten, indem sie den Grundkonflikt zum Ausdruck bringen und eine bestimmte Lösung anbieten."[42] P. Biehl demonstriert an den Entwicklungsphasen Eriksons, inwiefern biblische Symbole zu einer Konfliktlösung beitragen können.[43] Ich beschränke mich beispielhaft auf die erste Phasen: Die oralsensorische Phase ist gekennzeichnet durch den

Grundkonflikt „Urvertrauen gegen Mißtrauen". Der Säugling ist total abhängig. Zur Befriedigung all seiner Bedürfnisse ist er auf andere Menschen angewiesen. Daher lebt er in Angst, ob tatsächlich die Mutter kommt, ihn zu nähren, streicheln, sauber zu machen. Wenn das Kind immer wieder die Erfahrung macht, daß seine Bedürfnisse zur rechten Zeit tatsächlich befriedigt werden, entwickelt sich ein grundsätzliches Vertrauen. „Daher kann man es als die erste soziale Leistung des Kindes bezeichnen, wenn es die Mutter aus seinem Gesichtsfeld entlassen kann, ohne übermäßige Wut oder Angst zu äußern, weil die Mutter inzwischen außer einer zuverlässig zu erwartenden äußeren Erscheinung auch zu einer inneren Gewißheit geworden ist."[44] Das im Säuglingsalter grundzulegende Urvertrauen muß das ganze Leben lang gegen alle Mißtrauen weckende Erfahrungen gestärkt, weiterentwickelt werden. Da unsere gesamte Kommunikation über Symbole läuft (Symbolischer Interaktionismus), geschieht auch diese Konfliktbewältigung symbolisch. Gerade die Bibel, wie der christliche Glaube stellen nun ein großes Repertoire an Symbolen zur Verfügung, die helfen können, solche Konflikte zu bewältigen. „Das Symbol des verlorenen Paradieses stellt die Erfahrung der Trennung dar, die jeder bei der Lösung aus der Mutter-Kind-Symbiose erlebt hat. Da der Zugang zum Baum des Lebens versperrt ist (Gen 3,24), wird eine kreative Bewältigung des Konflikts in der Teilnahme als Mitarbeiter an der Schöpfung angeboten. Das Symbol des Reiches Gottes drückt die Hoffnung aus, trotz der endgültigen Trennung vom primären Objekt – religiös gesprochen: von Gott –, trotz dauernder Gefahr von Liebesverlust und narzißtischer Kränkung nicht von der Liebe abgeschnitten zu sein."[45]

Die Ansicht von Kämpfer und Scharfenberg wird auch – mit gewissen Nuancen – von Biehl und Baudler vertreten.[46] Wegen ihrer ausgeglichenen, Extreme vermeidenden Position, (Rationales und Irrationales werden gleicherweise berücksichtigt) kann dieses Konzept weitgehend überzeugen. Zudem ist der theoretische Unterbau (symbolischer Interaktionismus, kognitive Entwicklungspsychologie) soziologisch wie psychologisch gut abgesichert und verständlich.[47]

Symboldidaktische Zielsetzungen

Für Religionslehrerinnen, wie für alle, die religiös erziehen, ist speziell die Zielsetzung von Symboldidaktik, die es unterrichtlich anzugehen gilt, von Bedeutung. Mir scheint, daß alle drei Grundtypen hierzu Anregungen geben, die – vermeidet man Einseitigkeiten – bedeutsam sind.

Yorick Spiegel

Spiegel geht es einerseits um die heutige Wirkung von Symbolen, andererseits um deren Entwicklungsfähigkeit. Beide Gesichtspunkte sollte man – neben anderen – stets berücksichtigen. Daß wir auch heute in einer Welt voll von Symbolen leben, erfahren Schüler konstant. Dies ihnen bewußt zu machen, sie auch auf manipulative Wirkungen hinzuweisen, ist eine wichtige Aufgabe. Bezüglich der Entwicklungsfähigkeit von Symbolen scheint mir der Gedanke bedeutsam, daß junge Menschen auch den dynamischen, auf jeweilige konkrete Situationen abgestimmten Charakter von Symbolen erleben.

Hubertus Halbfas

Halbfas geht es um die Entwicklung eines Symbolsinns, eines „dritten Auges". Mancher Vorbehalt gegen ihn wird aber entkräftet, liest man, welche Wirkungen er Symbolen zuschreibt und dementsprechend als Ziele einer Symboldidaktik sieht. Da ist einmal das „Konfliktlösungsvermögen" des Symbols, seine entlastende, heilende Funktion. Das zitierte Beispiel von Freud (Garnrollenspiel) belegt, wie Konflikte in symbolischem Handeln bewältigt werden können. Halbfas warnt aber davor, diese Wirkung zu hoch anzusetzen, gar als einzige zu sehen. Ganz entscheidend für ihn ist daher sodann die „Orientierungsfunktion" der Symbole. Symbole haben ein „Sinnstiftungspotential", das es im Unterricht zu heben, Schülerinnen erlebbar zu machen gilt. So sind beispielsweise der Ring, oder der Kreis Ausdruck von Unbegrenztheit, Ewigkeit, das Feuer Sinnbild für Wärme, Helligkeit, reinigende Kraft. Und drittens schließlich kommt Symbolen eine „Vermittlungsfunktion" zu. Zu vermitteln haben sie zwischen Gegenständlichem und Spirituellem, Konkretem und Allgemeinem, Vergangenem, Gegenwärtigem und Zukünftigem, zwischen Gott und Welt.[48]

Peter Biehl

Biehl spricht von kritischer Symbolkunde, die als Unterrichtsprinzip aber nicht alle Aufgaben des Religionsunterrichts umfaßt. „Symbolkunde zielt auf das *Verstehen* gegenwärtiger und überlieferter religiöser Symbole ... nicht aber auf die bewußte Übernahme eines bestimmten Symbolsystems. Symbolverstehen vollzieht sich in der Dialektik von Sinnvorgabe und kritischer Reflexion, Engagement und Distanz; es verbindet also den ganzheitlichen Zugang mit kritischer Interpretation."[49] Hier wie an anderen Stellen wird deutlich, daß es Biehl ganz entscheidend auch um eine kritische, rationale Auseinandersetzung mit Symbolen geht. Um dies zu realisieren, müssen aber die SchülerInnen zu einer solchen kritischen Auseinandersetzung geführt werden. „Es ist eine Aufgabe der Symbolkunde, das Symbolverständnis so weit zu fördern, daß möglichst die Stufe des kritischen Symbolverständnisses erreicht wird."[50] Im Letzten geht es um das Leben der SchülerInnen, ihr Verständnis von Welt und Sinn: „Das *Ziel* der Arbeit mit Symbolen besteht darin, daß der Streit um die Auslegung der Wirklichkeit ausgelöst wird:

Welchen Symbolen können wir wirklich vertrauen? Welche Symbole erweisen sich am Ende als wahr, die Symbole des ‚Habens', der Macht, der Herrschaft, des Konsumismus *oder* die Symbole des ‚Seins', der Liebe, der Hoffnung des Glaubens? Durch diese Auseinandersetzung wird der *Wahrnehmungshorizont* für das Verständnis des Evangeliums eröffnet."[51]

8. Symbolorientierung als Prinzip von Religionsunterricht

Symbolorientierung entspricht der Zielsetzung von Religionsunterricht

Kritische Symbolkunde wie Vermittlung eines Symbolsinns schliessen sich gegenseitig nicht aus. Auch die Frage der Wirkmacht heutiger Symbole und deren Entwicklungsfähigkeit ist für den Religionsunterricht von Bedeutung. Von daher haben alle vorgestellten Konzepte ihre Berechtigung. Was jedoch zu wenig berücksichtigt wird, ist die reale Situation des Religionsunterrichts: Auf die derzeit gültigen Zielsetzungen für Religionsunterricht wird explizit kein Bezug genommen! Genau das ist aber erforderlich, will man erreichen, daß heute und morgen im Religionsunterricht überhaupt Symbole zur Sprache kommen.

Nachfolgend will ich daher versuchen zu belegen, daß die Zielsetzung für den Katholischen Religionsunterricht, wie sie von der Würzburger Synode formuliert wurde[52] und auch heute noch – nach über 20 Jahren – für *alle* Schularten und -stufen Gültigkeit hat, einen symbolorientierten Religionsunterricht fordert, auch wenn explizit von Symbolen nicht die Rede ist. Es geht also darum, die vierfache Zielsetzung der Würzburger Synode zu entfalten, auszulegen. Dabei wird sich zeigen, daß hierin eine Symbolorientierung von Religionsunterricht impliziert ist.

1. Katholische Religionslehre „weckt und reflektiert die Frage nach Gott, nach der Deutung der Welt, nach dem Sinn und Wert des Lebens und nach den Normen für das Handeln des Menschen und ermöglicht eine Antwort aus der Offenbarung und aus dem Glauben der Kirche".

Symbole helfen, die Frage nach Gott zu wecken und zu reflektieren

Stets ist unser Reden über Gott symbolisches Reden. „Niemand hat Gott je gesehen."(Joh 1,18) Wenn es darum geht, „die Frage nach Gott zu wecken", dann sind es die großen Symbole – Licht, Feuer, Wasser, Quelle, Mensch ... – die uns helfen, sich dieser „Frage" zu nähern. Wichtig ist aber, daß diese Frage zugleich auch „reflektiert" werden soll. Hiermit wird die Forderung einer kritischen Auseinandersetzung, rationalen Durchdringung angesprochen.

*Symbole deuten
die Welt*

Daß uns die Welt nicht voll durchschaubar ist, sie für uns trotz aller konkreten und direkten Welterfahrungen im tiefsten ein Geheimnis bleibt, gilt es bei allen „Deutungen von Welt" zu berücksichtigen. Zusammenzusehen sind solche Weltdeutungen stets mit unserem Leben selbst, und hier sind es besonders Symbole wie Weg, Labyrinth, Wüste, Baum, die uns helfen können, Welt und Leben in ihrem Sinn und Wert zu erahnen.

*Normen werden
symbolisch gelernt*

Was die „Normen für das Handeln des Menschen" betrifft, so ist auch hier wieder einerseits die rationale, argumentative Auseinandersetzung von Wichtigkeit. Unbestritten ist aber, daß moralisches Tun ganz entscheidend am Beispiel lernt. Dieses Beispiel kann das direkt vorgelebte Beispiel sein, es kann aber auch – und hierauf ist Schule besonders verwiesen – das vermittelte Beispiel sein, Geschichten, Erzählungen, Spiele, Bilder ... Hierbei handelt es sich in hohem Maße um zwei- oder mehrschichtige Ausageformen, also symbolische Formen.

*Die Bibel spricht
in Symbolen*

Sollen nun im Religionsunterricht Offenbarung und Glaube eine Antwort auf die Fragen nach Gott, Welt, Mensch ermöglichen, so nehmen auch hier Symbole eine zentrale Stellung ein. Die Urkunde des Glaubens, die Bibel, verkündet uns in Bildern, Symbolen die „Großtaten Gottes" (Ps 145,6); denken wir beispielsweise an Schöpfungsgeschichten, Vätererzählungen, Befreiungsgeschichten, die Botschaft vom Reich Gottes in den Gleichnissen ...

2. Die Katholische Religionslehre „macht vertraut mit der Wirklichkeit des Glaubens und der Botschaft, die ihm zugrunde liegt und hilft, den Glauben denkend zu verantworten".

*Symbole erschließen
die Wirklichkeit
des Glaubens*

Die Wirklichkeit des Glaubens ist vielschichtig und reicht in unser gesamtes privates wie öffentliches Leben hinein. Selbst in noch so säkularisierten Familien wie auch in unserer „profanen" Gesellschaft zeigt sich die Wirklichkeit des Glaubens, insbesondere an zentralen Punkten oder Grenzsituationen: Geburt, Eheschließung, Tod ... Glaube äußert sich schließlich in der Kultur, seien es historische oder zeitgenössische Werke der bildenden Kunst, Architektur, Malerei oder literarische Produkte. Schließlich kann nicht bestritten werden, daß auch heute aktives, überzeugtes Christsein gelebt wird. Hier zeigt sich die Wirklichkeit des Glaubens beispielsweise in Gebet, Kirchgang, Handeln aus dem Glauben. Nehmen wir all diese Bereiche zusammen, so wird deutlich, welch zentrale Rolle hierin Symbole spielen: seien es Riten im Zusammenhang mit Geburt, Eheschliessung, Tod, seien es die einzig im Symbol aussagbaren Botschaften der Kultur oder schließlich ein

Glaubensleben, das in Sakramenten, Gebeten und Liebesdienst ohne Symbole nicht praktizierbar ist.

Wichtig erscheint mir, daß auch diese zweite Zielformulierung ganzheitlich verstanden werden will. Den „Glauben denkend zu verantworten", erfordert die rationale Auseinandersetzung, die kritische Reflexion. „Vertraut machen mit dem Glauben", beschränkt sich jedoch nicht hierauf, verlangt vielmehr den Umgang, das Erleben und Erfahren mit und von Symbolen.

3. Die Katholische Religionslehre „befähigt zur persönlichen Entscheidung in Auseinandersetzung mit Konfessionen und Religionen, mit Weltanschauungen und Ideologien und fördert Verständnis und Toleranz gegenüber der Entscheidung anderer".

Alle Religionen und Weltanschauungen leben mit Symbolen

Will man sich mit anderen Konfessionen usw. auseinandersetzen, so ist es zunächst erforderlich, sie kennenzulernen. Dies ist aber ohne Verständnis entsprechender Symbole unmöglich. Daß in allen Religionen unterschiedlichste Symbole eine zentrale Rolle spielen, ist unbestreitbar. Aber auch Ideologien und Weltanschauungen – mögen sie sich noch so rational geben – kommen ohne Symbole nicht aus; denken wir beispielsweise an Auto, Besitz, Fortschritt, Wachstum ... in kapitalistischen Ideologien, oder an Partei, Fahnen, Massenkundgebungen ... in totalitären Ideologien. Die Entscheidung für oder gegen eine Religion, Konfession, Weltanschauung, Ideologie, wie auch die Toleranz gegenüber Andersdenkenden, kann nur sachgerecht gefällt werden, wenn die erforderlichen Kenntnisse und Informationen vorliegen. Diese sind aber einzig durch ein hohes Maß an Symbolverständnis zu vermitteln und zu erwerben.

4. Katholische Religionslehre „motiviert zu religiösem Leben und zu verantwortlichem Handeln in Kirche und Gesellschaft."

Bedeutung von Symbolen für die religiöse Praxis

Hier macht ein Hinweis auf dem symbolischen Interaktionismus die entscheidende Funktion von Symbolen deutlich: Handeln heißt immer, in Symbolen handeln. Ohne Symbole vermögen Menschen nicht miteinander zu kommunizieren. Will der Religionsunterricht zu religiösem Leben und verantwortlichem Handeln motivieren, so ist dies notwendigerweise ein Handeln in Symbolen. Beispielhaft sei nur auf die Sakramente verwiesen, um bezüglich dieses Ziels die Bedeutung der Symboldidaktik hervorzuheben.

Symbolorientierung gilt für alle Bereiche religiöser Erziehung

Die hier genannten Ziele, wie ihre Interpretation in Richtung Symboldidaktik und Symbolorientierung haben – wie gesagt – für den katholischen Religionsunterricht aller Schultypen Bedeutung.

Konsequenter Weise wird auch in den neueren Lehrplänen symbolischen Inhalten ein zunehmend größerer Raum beigemessen. Mir scheint es aber auch unbestreitbar, daß diese Zielsetzungen nicht auf Schule zu beschränken sind. Sie haben Gültigkeit für die unterschiedlichsten Formen religiöser Erziehung, sei es der außerschulischen Katechese, der Hinführung zu den Sakramenten, der kirchlichen Jugendarbeit, Erwachsenenbildung, wie auch religiöser Erziehung in der Familie.

II. Teil: Praktische Umsetzung

1. Vorbemerkungen

Religiöse Erziehung betrifft den ganzen Menschen

Religiöse Erziehung darf sich nicht erschöpfen in der Belehrung über Glaubenssätze, Gebote oder biblische Inhalte. Religion betrifft den ganzen Menschen, sie will ihm helfen, in seinem Leben einen Sinn, ein Ziel zu sehen. Religiöse Erziehung ist daher ganzheitliche Erziehung. **Alle** Fähigkeiten des Menschen gilt es anzusprechen und zu berücksichtigen. Eine Beschränkung nur auf intellektuelle Auseinandersetzung widerspräche einem derartigen Ansatz. Vielmehr muß der ganze Körper beteiligt sein. Ebensowenig darf sich religiöse Erziehung auf einen bestimmten Sektor des Lebens und der Welt beschränken, etwa einen „religiösen Bereich"; es gibt **keinen** Lebensbereich, der ausgeschlossen wäre. Daher ist es konsequent und völlig berechtigt, wenn zu einer so verstandenen religiösen Erziehung etwa Sensibilisierungen, Experimente, Gänge in die Umgebung und Natur gehören, ebenso wie Märchen, „profane" Geschichten oder Gedichte. Wo dies Hilfen sind, Symbole mehr und mehr zu erfahren, in der Außenseite ihre Innenseite zu entdecken, da geschieht Erziehung zur Tiefe, zum Erahnen des Geheimnisses, da geschieht religiöse Erziehung.

Erlebnis- und erfahrungsorientierte religiöse Erziehung

Ein derartiger ganzheitlicher Ansatz bedingt zugleich eine erlebnis- und erfahrungsorientierte religiöse Erziehung. Nur wo die grundlegenden Inhalte des christlichen Glaubens erfahren werden, sind sie auch glaubbar. An einen liebenden Gott zu glauben, darauf zu vertrauen, daß Leben Sinn hat, den anderen in all seinen positiven wie negativen Eigenschaften zu bejahen ... ist nur möglich, wenn man selber Liebe erfährt und daher weiterschenken kann, wenn man (Ur)vertrauen entwickeln konnte, zu sich selber und daher auch zum Mitmenschen ja sagen kann ...

Ziel und Aufbau

Daß Symbolen auf diesem Weg eine entscheidende Funktion zukommt, wurde im vorangehenden Teil dargelegt. Nachfolgend werden beispielhaft vier Symbole aufgearbeitet mit dem Ziel, einen ganzheitlichen, erfahrungsbezogenen Umgang zu ermöglichen. Nach einer kurzen Einführung des jeweiligen Symbols werden Wege und Inhalte genannt, die helfen können, diesem Ziel näherzukommen. Sicherlich hätte man andere Symbole wählen können, ebenso andere Methoden und Materialien. Wenn PraktikerInnen aber hilfreiche Anregungen finden, die zudem noch motivieren, eigene Wege zu gehen, andere Medien zu verwenden, mit weiteren Symbolen zu

II. Teil: Praktische Umsetzung

Umgang mit den Materialien und Anregungen

experimentieren, so wäre die Intention, exemplarisch darzustellen, wie mit Symbolen in einer ganzheitlichen und erlebnisorientierten religiösen Erziehung umgegangen werden kann, erreicht.

Da jede Erziehungssituation anders ist, sind keine Unterrichts- oder Gruppenstunden dargestellt. Bewußt sind auch die angebotenen Wege und Materialien sehr verschieden, so daß sie bei unterschiedlichsten Altersgruppen einsetzbar sind. Es gilt, sich das zusammenzustellen, was aufgrund der konkreten Bedingungen sinnvoll ist. Viele der vorgeschlagenen Texte, Lieder, Übungen ... habe ich in einer Förderschule (Sonderschule für Lernbehinderte) erprobt und hierbei – unter sicherlich erschwerten Bedingungen – die Erfahrung gemacht, daß dort, wo Schülerinnen und Schüler in ihren Fähigkeiten und Interessen ganzheitlich und erlebnisorientiert angesprochen werden, Arbeit mit Symbolen Lehrenden und Lernenden viel Freude bereitet.

2. Wasser

Einführung

Wohl wird im Altertum meist von vier Elementen gesprochen – Erde, Feuer, Luft, Wasser –, dem Wasser kommt dabei aber eine besondere Bedeutung zu. So heißt es bei Thales von Milet (650-560 v. Chr.) „Alles, was ist, kommt aus dem Wasser". Für ihn ist also Wasser einziges Element, Quelle von allem, was ist, damit auch Quelle allen Lebens. In vielen Schöpfungsmythen steigen Erde und das auf ihr wachsende Leben aus der Urflut. Wasser ist göttlich, Regen spendet der Himmelsgott der Fruchtbarkeit. Wasser hat lebenerhaltende Kraft, ohne Wasser kann kein Lebewesen existieren. Für den Kranken hat Wasser heilende Wirkung, es schenkt Genesung oder Erleichterung. Im Volksglauben dient Wasser zur Abwehr von Dämonen.

Wie bei allen Symbolen, ist auch der Aussagegehalt von Wasser breit und ambivalent: lebenspendend, erfreuend, beglückend, zugleich aber auch vernichtend, destruktiv und beängstigend; es birgt unbeschreibliche Kräfte in sich, ist aber auch zart, nicht zu fassen, kaum zu spüren.

In allen Religionen kommt dem Wasser eine zentrale Bedeutung zu. Als Ursprung wie Grab aller Dinge ist es untrennbar von Leben und Tod. Die Bibel erzählt beeindruckende Wassergeschichten. Gott selber ist „Quell des lebendigen Wassers" (Jes 2,13; Ps 36, 10), Jesus schenkt dieses lebendige Wasser (Joh 4,10). In der Taufe wird der Mensch „aus Wasser und Geist" geboren, damit er in das Reich Gottes kommen kann (Joh 3,5).

2.1. Erfahrungen mit Wasser

Mit allen Sinnen erfahren

Bei einem Gang entlang Bach, See, Meer können wir Wasser mit allen Sinnen erfahren:

fühlen – mit den Händen Wasser schöpfen, über Arme und Beine fließen lassen; durchs Wasser waten;

sehen – wie Wasser über Steine, Sand, Baumäste fließt; unterschiedliche Färbungen des Wassers, wenn sich Sonne, Wolken, Bäume, Menschen, Häuser darin spiegeln; schmutziges, öliges, trübes, klares Wasser;

hören – wo und wann plätschert, strömt, rauscht, rinnt, perlt, versickert, tropft, stürzt ... Wasser;

riechen – frisches, fauliges, mooriges, mit chemischen Stoffen belastetes Wasser;

schmecken – süßes Wasser, Sprudelwasser, in einem Becher Salzwasser herstellen;

Wassertreten

Am frühen Morgen durch eine Tauwiese gehen; durch einen Bach waten; in einer Kneippanlage wassertreten und Arme eintauchen; wie fühlen wir uns danach, was haben wir erlebt?

Eine Schüssel voll Wasser

Wir sitzen im Kreis, in der Mitte steht eine Schüssel, jede, jeder hat ein Glas Wasser:

– Wasser wird in die Schüssel gegossen, langsam, tröpfchenweise, stürzend; wir beobachten und hören;

– das Wasser in der Schüssel mit den Händen bewegen, vorsichtig damit umgehen, nichts verspritzen, unterschiedliche Wassergeräusche erzeugen;

– dem Nachbarn Wasser in die offene Handschale tropfen; wir spüren, verreiben;

– einen Schluck trinken, Salz hinzufügen, Sprudelwasser trinken; wir schmecken;

– Arme über die Schüssel halten, Wasser darüber laufen lassen, nichts verschütten; mit den Fußsohlen vorsichtig die Wasseroberfläche berühren; wir spüren, fühlen, merken Unterschiede;

– vier Becher sind gefüllt mit Wasser aus einem Bach, aus der Wasserleitung, aus dem Aquarium, mit Regenwasser; wir riechen.

2.2. Was Wasser alles kann

Beleben: Wir säen Kresse in zwei Schälchen, das eine wird gegossen, das andere nicht ...; in der Sommerhitze haben wir bei einer Wanderung eine Stunde lang nichts getrunken, jetzt mit klarem Wasser den Durst stillen, das belebt, erfrischt ...

Reinigen: Auf der Wanderung sind unsere Schuhe, beim Spiel unsere Hände dreckig geworden; mit klarem Wasser reinigen wir sie, welcher Schmutz geht weg, welcher nicht?

Wasser hat Kraft: In ein fließendes Gewässer legen wir kleine, größere, große Steine und beobachten ...

Wasser verändert sich: Auf den von der Sonne beschienenen Teerboden schütten wir Wasser, es verdunstet, bildet eine Dampfwolke; wir stülpen eine Glas auf den Teerboden, es bilden sich Wassertropfen im Glas; ins Kühlfach stellen wir ein Schälchen mit Wasser, es erstarrt zu Eis

Tragen: Wir machen eine Regatta mit selbst gebauten Schiffen aus Korkrinde, Holz, Papier; ein Schiff füllen wir immer mehr mit Steinen, wann geht es unter? welche Stoffe schwimmen auf Wasser, welche gehen unter?

Zerstören: Im Sandkasten oder am Bach haben wir Straßen, Burgen ... gebaut; was geschieht nach einem Platzregen oder wenn wir Wasser darüber gießen? Nach einem Gewitterregen gehen wir an den Bach und beobachten, was das Wasser alles mitführt und anspült; wir schauen uns genau an, wie der Bach Steine, Bäume, Brücken unterspült.

2.3. Wissenswertes über Wasser

Einige Zahlen

Der Wasservorrat der Erde wird auf $1{,}64 \times 10^{18}$ t (eine 10 mit 18 Nullen) geschätzt, fast 99% davon entfallen auf die Meere, nur 1% auf Eis, Flüsse, Seen, Grundwasser; diese 1% bilden die Grundlage allen Lebens auf der Erde; $3/4$ der Erdoberfläche werden von Wasser bedeckt; der menschliche Körper besteht zu 60–70% aus Wasser; Pflanzen enthalten z. T. über 90% Wasser; täglich nimmt der Mensch 3–4 l Wasser auf und scheidet sie wieder aus. (Literatur: Was ist was, Bd 48 Luft und Wasser, Nürnberg 1996; Meyers Jugendbibliothek, Der Weg des Wassers, Mannheim 1995)

Der Kreislauf des Wassers

– Wir erstellen gemeinsam ein großes Bild (malen, als Collage mit Bildern aus Illustrierten), das den Wasserkreislauf darstellt; wir formulieren dazu einen erläuternden Text; wir überlegen, wo heute Gefahren für diesen Kreislauf herrschen (Verschmutzung, Überhitzung der Erdatmosphäre, Vernichtung des Regenwaldes ...).

– Gemeinsam betrachten wir ein Bild zum Wasserkreislauf (Die Geheimnisse der Urzeit, Bd 1: Der Ursprung des Lebens, Augsburg 1987, 158f; Ravensburger Lexikon der Natur und Technik Bd 1, Ravensburg 1994, 77).

II. Teil: Praktische Umsetzung

Wasser in den Kulturen der Völker

– In allen Kulturen und Religionen ist Wasser ein zentrales Element und Symbol. Für kultische Waschungen wurden eigene Häuser gebaut, für Taufen Baptisterien und Taufkapellen. Wasser ist heilig, Weihwasser hat besondere Kräfte. Manche Quellen genossen wegen ihrer Heilwirkung kultische Verehrung, hier bildeten sich Wallfahrtsorte; Fluß- und Meeresgötter wurden verehrt.

– Auf einem Gang durch unsere Stadt, unser Dorf, die nähere Umgebung achten wie besonders auf Brunnen, Wasserspeier an Kirchen, Straßen-, Ortsnamen, die mit Wasser in Zusammenhang stehen, wir suchen weitere kulturelle und religiöse Hinweise auf Wasser und versuchen ihre Bedeutung zu klären.

Wasserversorgung

– Wir machen einen Gang zum Wasserwerk unserer Gemeinde und lassen uns alles Wissenswerte über unser Trinkwasser erklären.

– Wir erstellen ein Schaubild, das den Gang des Wassers vom Wasserwerk durch die Zuleitungen in unsere Wohnungen und die Abwasserleitungen bis zur Kläranlage darstellt.

– Wir sprechen über ein Bild mit Text zur Wasserversorgung. (siehe: H. P. Thiel, Großes Erklär-mir-Lexikon, München 1980, 70f; Das große Ravensburger Lexikon, Bd 4, Ravensburg[6], 1998, 581)

Wasserexperimente

Experimente der unterschiedlichsten Schweregrade finden sich einerseits in Physik- und Chemiebüchern für die Schule, andererseits gibt es spezielle Literatur zu Experimenten, z.B. A. Ward u.a., Spaß mit Experimenten, Ravensburg 1982, 36-56; G. Hann, Das große Buch der Experimente, Freiburg 1981, 162-175; G. Graeb, Das große Experimentierbuch, München 1976, 15-28; S. Hartl, Experimente, Experimente!, Würzburg 1993; W. Rentzsch, Experimente mit Spaß, Wien 1995.

Wasserglockenspiel

Einige besonders spielerische Experimente für kleinere Kinder:

Acht Trinkgläser und eine Wasserkanne auf einen Tisch stellen; mit der Kanne Wasser holen und die Trinkgläser unterschiedlich füllen, mit Holzstäbchen die Gläser am Rand zum Klingen bringen; die Gläser nach der Tonhöhe ordnen (je voller das Glas desto tiefer der

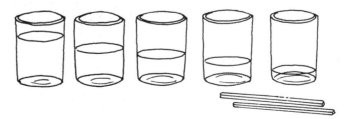

Ton); Tonfolgen improvisieren, vielleicht durch löffelweises Geben und Nehmen von Wasser die Gläser auf eine Oktav abstimmen oder mit nur fünf Gläsern auf die pentatonische Reihe; kleine Melodien spielen.

Glasharfe

Weingläser unterschiedlich mit Wasser füllen; einzeln an Kinder verteilen: mit nasser Kuppe eines Fingers auf dem Glasrand herumfahren, bis der glasklare Ton zu hören ist; mit der anderen Hand das Glas am Fuß festhalten; vielleicht auch hier Gläser aufeinander abstimmen und zusammen Melodien und Klänge erzeugen.

Flaschenorgel

Leere Flaschen von zu Hause mitbringen; durch vorsichtiges Überblasen Töne erzeugen; mal mehr; mal weniger Wasser einfüllen; hören, wie sich die Tonhöhe ändert (je voller die Flasche, um so höher der Ton).

Der Wasserberg

Ein Glas auf den Tisch stellen, Pfennige oder Knöpfe bereitstellen, das Glas randvoll mit Wasser füllen.
Frage: Wie viele Pfennige (Knöpfe) können wir noch hinein fallen lassen? Das Wasser darf nicht überlaufen. Der Reihe nach dürfen die Kinder Pfennige (Knöpfe) ins Wasser gleiten lassen.

Wasser klettert

Zwei Gläser nebeneinander stellen, das eine mit Wasser füllen; einen Stoff- oder Küchenkreppstreifen in das volle Glas eintauchen und über die Ränder ins leere Glas legen; Wasser klettert vom vollen ins leere Glas hinüber, bis in beiden Gläsern gleicher Wasserstand erreicht ist.

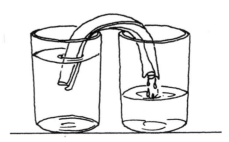

Sprudelnde Quelle

Den Boden eines stabilen Bechers mit einem Loch versehen. Eine Schüssel mit Wasser – wenigstens in Becherhöhe – auf den Tisch stellen. Nun den Becher in das Wasser drücken und beobachten, wie das Wasser von unten durch das Loch in den Becher quillt.

Schwimmt Plastilin?

Eine Schüssel mit Wasser auf den Tisch stellen. Die Kinder auffordern zu untersuchen, ob Plastilin schwimmt. Sie formen aus Plastilinstückchen kleinere oder größere Kugeln, Rollen, Figuren ... oder auch eine Schale, ein Schiffchen.

Ein Glas Wasser auf dem Kopf

Ein Trinkglas (zylinderförmig) auf ein Tablett stellen; so weit mit Wasser füllen, daß ein Wasserberg darauf entsteht; ein Stück Karton – nicht viel größer als der Glasrand – seitlich so über das Glas schieben, daß keine Luftblasen darunter bleiben; nun eine Hand fest auf die Karte legen, mit der anderen Hand das Glas fassen und umdrehen; die erste Hand vorsichtig wegnehmen! Ob mit oder ohne Zauberspruch – das Wasser läuft nicht aus; das Glas – auf dem Kopf – kann sogar vorsichtig durch den Raum getragen werden.

„Wasserglockenspiel, etc.", aus: Bausteine Kindergarten, Heft 2/83, Bergmoser & Höller Verlag, Aachen.

2.4. Im Spiel Wasser erfahren

Pantomime

Als Pantomime darstellen, wo und wie wir Wasser brauchen: kochen, spülen, waschen, gießen, trinken, Tiere tränken, schwimmen, putzen ...

Geräusche

Mit der Stimme Wassergeräusche nachmachen, ebenso mit dem ganzen Körper, schließlich mit (Natur)instrumenten.

Spiele

– Mit dem Körper Regen spielen: ganz still, Finger reiben, Handflächen reiben, Fingerschnalzen, auf Oberschenkel schlagen, auf Stuhl trommeln, mit Füßen trampeln; alles wieder rückwärts, zum Schluß ist es ganz still.

– Auf einer Trommel, oder mit unterschiedlichen Bällen Regen spielen.

II. Teil: Praktische Umsetzung

– Auf einem großen Tuch, Fallschirm, Folie liegt eine Mitspielerin, ein Mitspieler, die anderen machen von außen her mit dem Tuch Wellenbewegungen, der Kreis schließt sich, die Wellen werden bedrohlich, schlagen zusammen.

– Im Wasser untergehen: wir stehen im Kreis, ein Wollknäuel wird vom einem zum anderen geworfen bis ein Netz entsteht, ein Teilnehmer steht in der Mitte, wir lassen das Netz in großen Wellenbewegungen schwingen, wir knien uns immer tiefer, die Wellen drücken den Mittleren herunter, er kann nicht an die Oberfläche, wir werden größer, er kann sich wieder frei bewegen (weitere Spielanregungen siehe: W. Longardt, Spielbuch Religion, Zürich 1974, Nr. 47, 50–52; Bausteine Kindergarten 4 (1983) Heft 2, 40–43).

2.5. Lieder

Ich habe einen Namen

2. Ich heiße Dorothee, und ich bin getauft.
Ja, du heißt Dorothee, und du bist getauft.

3. Wir haben einen Namen, und wir sind getauft.
Wir haben einen Namen, und wir sind getauft.

T: Rolf Krenzer, M: Peter Janssens, aus: Kommt alle und seid froh, 1982,
© Peter Janssens Musik Verlag, Telgte-Westfalen

Segne dieses Kind, Tauflied

2. Segne dieses Kind und hilf uns, ihm zu helfen,
daß es hören lernt mit seinen eigenen Ohren
auf den Klang seines Namens, auf die Wahrheit der Weisen,
auf die Sprache der Liebe und das Wort der Verheißung.

3. Segne dieses Kind und hilf uns, ihm zu helfen,
daß es greifen lernt mit seinen eigenen Händen
nach der Hand seiner Freunde, nach Maschinen und Plänen,
nach dem Brot und den Trauben und dem Land der Verheißung.

4. Segne dieses Kind und hilf uns, ihm zu helfen,
daß es reden lernt mit seinen eigenen Lippen

von den Freuden und Sorgen, von den Fragen der Menschen,
von den Wundern des Lebens und dem Land der Verheißung.

5. Segne dieses Kind und hilf uns, ihm zu helfen,
daß es gehen lernt mit seinen eigenen Füßen
auf den Straßen der Erde, auf den mühsamen Treppen,
auf den Wegen des Friedens in das Land der Verheißung.

Segne dieses Kind und hilf uns, ihm zu helfen,
daß es lieben lernt mit seinem ganzen Herzen.

T: L. Zenetti, M: E. Woll, aus: Lieder vom neuen Leben, © Fidula Verlag, Boppard, Rhein und Salzburg

Wasser, frische Quelle

2. Wasser, liebe Welle, lauf und eile schnelle.

3. Wasser, milder Regen, bring uns allen Segen.

4. Wasser, Wasser, fließe, daß ich dich genieße.

5. Gott hat dich gegeben, Wasser, schenk uns Leben.

T u. M: Franz Kett, aus: F. Kett, K. Gräske, Gott befreit durch Jesus Christus. Teil 1. Kindergottesdienste, Don Bosco Verlag, München ²1987

Wasser, quill hervor

2. Alles, was da grünt,
blüht und Frucht uns bringt,
wächst, entfaltet sich,
Wasser es durchdringt.

3. Wasser stillt den Durst,
macht uns frisch den Leib
und erfüllt uns neu
mit Lebendigkeit.

4. In der Taufe wird
Leben uns zuteil,
Gottes Liebe und
Seine Kraft, sein Heil.

5. Aus dem Wasser und
aus dem Heiligen Geist

sind wir neu geborn,
Gott sei Lob und Preis.

T u. M: Franz Kett, aus: F. Kett, K. Gräske: Gott befreit durch Jesus Christus. Teil 1. Kindergottesdienste. Don Bosco Verlag, München ²1987

Weitere Lieder

Das Wasser, (M. G. Schneider, Sieben Leben möcht ich haben, Lahr 1975, 14)
Die Sintflut (G. Watkinson, 11 Kinderlieder zur Bibel, Lahr 1968, 16)
Noah (ebd., 17)
Die Sintflut, (ebd., 18)
Der Zug durchs Rote Meer (ebd., 29)

2.6. „Ich taufe dich ..."

Taufe erfahren

– Fotos von der (eigenen) Taufe mitbringen und darüber reden;
– Ein Namenmobile erstellen (ein Mobile bauen, an dessen Enden jeweils auf Pappe der Name eines jeden Kindes geschrieben ist und ggf. ein Bild des Kindes und/oder des entsprechenden Heiligen geklebt ist);
– wir besuchen eine Kirche; betrachten und erklären Taufstein, Osterkerze; lassen uns von Mesner und Pfarrer alles zeigen und erklären, was bei einer Taufe benötigt wird;
– eine Tauffeier (wo es möglich ist) mit vorbereiten und daran teilnehmen.

2.7. Wasser Zeichen der Vergebung

Geschichte

Ein Missionar erzählte einmal von einem Brauch der Versöhnung in einem afrikanischen Dorf:

Zum Zeichen der gegenseitigen Vergebungsbereitschaft wuschen sich alle Beteiligten in einer Schale mit Wasser die Hände. Anschließend wurde das Wasser weggeschüttet und mit ihm all das, was zum Streit und zur Auseinandersetzung geführt hatte.

Eine Jugendgruppe griff diese Geste bei einer Eucharistiefeier während des Bußaktes auf: Eine große Schüssel Wasser stand auf dem Altar. Es wurden Besinnungsfragen gestellt, die die Themen Umwelt, Dritte Welt, Politik, Gesellschaft und Kirche betrafen. Nach jedem Abschnitt konnten diejenigen vortreten, die spürten, daß sie im genannten Lebensbereich gefehlt hatten. Während sie sich schweigend die Hände wuschen als Zeichen für das Schuldeingeständnis, stellten sich die anderen Gottesdienstteilnehmer um sie und beteten für sie, indem sie ihre Arme zu einer segnenden Geste ausstreckten und einen Kyrie-Ruf mehrmals wiederholten. Nach der Vergebungsbitte des Priesters wurde das Wasser weggeschüttet."

Waltraud Schneider, Getanztes Gebet, Verlag Herder, Freiburg ⁴1991

Formuliert man andere Besinnungsfragen, läßt sich ein solcher Bußakt auch mit Kindern durchführen.

2.8. Texte

Regen, Wind und Sonne

Erzählung

Das ist Josef. Und das ist sein Hof.

Eine Ziegelmauer, ein Bretterzaun, ein Steinpflaster und rostiges altes Eisen. Sonst gab es nichts auf diesem Hof. Keine Insekten, keine Vögel, keine Katzen. Regen fiel auf den Hof. Die Sonne schien auf ihn. Die Winde bliesen hindurch. Der Schnee bedeckte ihn. Eines Tages hörte Josef einen Mann rufen: Lumpen! Altes Eisen! Er brachte ihm das rostige alte Eisen, und der Mann gab ihm dafür eine Pflanze.

Josef trug die Pflanze auf den Hof und zog einen Stein heraus. Er lockerte die Erde, die darunter war und setzte die Pflanze ein. Regen fiel, die Sonne schien, und die Pflanze wuchs. Nach einiger Zeit trieb die Pflanze eine kleine Knospe. Josef wartete, bis aus ihr eine Blüte wurde. Und weil er die Blüte liebte, brach er sie ab. Die Blüte begann zu welken.

Sie wurde dürr – und starb. Wieder war Josef allein auf dem Hof. Die Winde bliesen, und wieder deckte der Schnee alles zu. Dann brachte der Frühling Regen und warmen Sonnenschein. Josef sah, daß die Pflanze zum Leben erwachte. Eine neue Knospe erschien. Und als aus ihr eine Blüte wurde, brach er sie nicht ab, damit sie nicht auch starb. Weil die Pflanze da war, kamen Insekten auf den Hof. Weil die Insekten da waren, kamen Vögel. Weil Vögel da waren, kamen Katzen. Aus Angst um seine Pflanze jagte Josef die Besucher aus dem Hof. Er deckte die Pflanze mit seiner Jacke zu. Aber jetzt konnten Sonne und Regen nicht mehr zu ihr. Und als Josef seine Jacke wegnahm, war die Pflanze wie tot. Josef war von tiefer Reue erfüllt. Erst hatte seine Liebe und jetzt hatte seine Sorge das wunderbare Ding auf seinem Hof getötet. Als die Winde kamen, war die Pflanze kahl. Der Schnee bedeckte sie, und dann kam der Regen. Die Sonne schien, und die Winde kamen wieder. Josef rührte seine Pflanze nicht an.

Die Jahreszeiten folgten einander, und die Pflanze wuchs und wuchs. Mit der Zeit füllte die Pflanze den ganzen Hof. Zwischen ihren Blüten flogen Insekten, auf ihren Zweigen saßen Vögel, in ihrem Schatten lagen Katzen. Und Josef war glücklich.

In: Bausteine Kindergarten 2/83, © Bergmoser + Höller Verlag, Aachen

Wasser

Erzählung

Im Morgengrauen ging ich zwischen den Dornbüschen der südafrikanischen Savanne auf die Granitberge zu, die sich in feierlicher Ruhe vor dem heller werdenden Himmel abzeichneten. Hinter Graten und Zinnen ragte ein mächtiger Bergkegel auf. Die Art, wie die Berge hintereinander lagen, hatte ich mir eingeprägt; genau dieses Bild mußte ich beim Heimweg hinter mir haben, um ohne Herumirren durch die Wildnis zurückzufinden. Zwei Stunden vor Sonnenaufgang war ich aufgebrochen. Mittags wollte ich zurück sein – am Nachmittag, wenn zu der Glut von oben die fiebrige Hitze kommt, die der erwärmte steinige Boden ausstrahlt, wird das Wandern zur Qual.

Bei Sonnenaufgang erreichte ich den Rand des Gebirges. Von einer vorgelagerten Felskuppe begrüßten mich kreischende Stimmen. Da oben hatte sich eine Paviansippe festgesetzt. Mütter fingen ihre Kinder, wenn sie ausreißen wollten, am Schwanz wieder ein. Männchen, denen silbrige Haarmäntel von den Schultern fielen, saßen selbstbewußt dazwischen; hinter ihren wachsamen Gesichtern verbarg sich ein Raubtiergebiß, nicht minder furchtbar als das ihrer Feinde, der Leoparden. Tiere, die ein anderes „lausten", hörten mit ihrer Beschäftigung auf. Alles guckte zu mir herunter. Was sie mir zuriefen, habe ich nicht verstanden. Nach einer Einladung, zu ihnen auf die Burg zu kommen, hörte es sich nicht an.

Als ich gleich danach um eine Felsnase bog, stand, gar nicht weit vor mir, ein Kudubulle. Den Kopf mit den gewaltigen, in Schraubenwindungen emporflammenden Hörnern hatte er mir zugewandt. Wohl zwanzig Minuten standen wir so, ohne uns zu regen, und sahen uns an. Kudus sind Antilopen, stattlich wie Pferde. In sieghafter Schönheit stand die kraftvolle Tiergestalt im Morgenlicht. Selten hat mich ein Kunstwerk so ergriffen. Nie habe ich die Hobbyjäger verstanden, die ihren größten Spaß darin sehen, ein Geschöpf von atemberaubender Schönheit in einen Kadaver zu verwandeln.

Als der Kudu weiter schritt, ging ich die überhängenden Felswände entlang. Es mußte Felsbilder geben. An Dutzenden von Stellen entdeckte ich sie. Mit roten, orangen, schwarzen, weißen Farben waren tanzende und jagende Menschen dargestellt, Elefanten, Giraffen, Kudus, Nashörner. An einer Stelle war Regen gemalt. Regen, ohne den es für Mensch und Tier kein Dasein gibt! Einige der Bilder mochten tausend Jahre alt sein, andere wurden vielleicht erst kurz vor dem Einbruch der Weißen gemalt. Wer die Menschen waren, die diese Bilder schufen, niemand vermag es heute mehr zu sagen.

In dem Geröll einer Schlucht blitzte es hell wie Glas. Was ich aufhob, war ein großer, tiefschwarzer Kristall, der in einer flachen Pyramide endete. Es war ein schwarzer Turmalin, ein sogenannter Schörl, auf dessen glatten Flächen die afrikanische Sonne gleißte. Ich fand Stücke von Bergkristallen und Topasen; auf einem roten Granitblock, über den ich kletterte, entdeckte ich hellblauen Aquamarin. Diese Welt war reich an Steinen, auch an schönen und edlen. Was ihr fehlte, war Wasser. Hunderte von Kilometern im Umkreis lagen alle Bach- und Flußbetten trocken. Nur während der kurzen Regenzeit toste in ihnen, meist nur für wenige Tage, das Wasser. Dann breitete sich grüner Schimmer über die einsamen Weiten, dann schossen bunte Blumen aus dem steinigen Grund, dann schmückten sich alle Dornbüsche mit Blättern und Blüten. Blieb der Regen aus, bedeutete es Not für die Menschen und Tod für ungezählte Tiere.

Wasser! Eine Wasserstelle ist ein Wunder in dieser kargen Welt. Hier, in diesem Felsenreich, mußte es Wirklichkeit sein. Um eine zerklüftete Granitwand stoben ein Dutzend Rosenpapageien, flink und lärmend wie die Spatzen; zauberhafte Zwergpapageien, moosgrün und himmelblau, mit roten Köpflein. Rosenpapageien müssen täglich zur Tränke. Dieses Wissen mag schon manchem verdurstenden, manchem Eingeborenenstamm, der sich mit letzter Kraft dahin schleppte, zur Rettung geworden sein.

Ich mußte nicht lange suchen. In einem ansteigenden Seitental leuchtete ein langgezogener grüner Fleck. So freudiges Grün hatte ich lange nicht mehr gesehen.

Ein silberhelles Bächlein drang aus Geröll und Sand, sprang einige Meter dahin und verlor sich dann. Ich trank von dem wunderbaren Wasser. Andere hatten vor mir von dieser Quelle getrunken. Die Hufe von Antilopen und Bergzebras, die langfingrigen Hände und Füße der Paviane, die runden Pranken eines Leoparden, die Zehen von Straußen hatten im Sand ihre Abdrücke hinterlassen. Längst verweht waren die Spuren jener Menschen, die durch Jahrhunderte und Jahrtausende an dieser Quelle ihren Durst gestillt hatten. Und doch waren mir diese Menschen eigentümlich nahe. Wieder holte ich die schön gearbeitete Steinklinge aus der Tasche, die ich vor wenigen Minuten eingesteckt hatte. Wunderschön schmiegte sie sich in die Hand, herrlich lag der Daumen in der vorbereiteten Delle, in die sich einst der Daumen einer dunklen Hand bei der Arbeit gepreßt hatte. Ich hatte auch Bruchstücke anderer Steinwerkzeuge und Abschläge, wie sie bei ihrer Verfertigung entstehen, gefunden. Sie waren leicht zu erkennen: Solchen Stein gab es hier nicht; von weiten Streifzügen hatten die Menschen die Steinknollen mitgebracht und hier bearbeitet. Hier, wo es gut war.

Hier, beim Wasser ...

Da hatte ich sie plötzlich doch vor mir, die Spur nackter Sohlen aus lange vergangener Zeit. Auf einer großen glatten Steinplatte, nur wenige Schritte von der Quelle, fand ich sie eingraviert. Neben ihnen waren Fährten verschiedener Tiere in den Stein gemeißelt.

Ich kehrte zu der Quelle zurück. An einen Bekannten mußte ich denken, der ein Jahrzehnt in einer dürren Gegend Vorderasiens gelebt hatte. Die Leute dort, zufriedene Menschen, unter denen er sich wohlfühlte, konnten das Wasser der wenigen Quellen am Geschmack unterscheiden, wie wir verschiedene Weine. „Wie könnt ihr nur unglücklich sein, ihr in Europa", hatten sie zu ihm gesagt, „ihr habt doch alles, ihr habt Wasser."

Zu den alten Vorstellungen vom Paradies gehörte das Wasser, symbolisiert durch die vier Paradiesesflüsse. Unsere Erde ist mit Wasser gesegnet. Das hat sie vor ungezählten toten Planeten voraus. Sie ist das Paradies. Ein zweites hat es nie gegeben. Wenn wir etwas anderes aus ihr machen, liegt es an uns.

Josef Guggenmos, in: H.-J. Gelberg (Hrsg.), Das achte Weltwunder, 1979 Beltz Verlag, Weinheim und Basel, Programm Beltz & Gelberg, Weinheim

Wie Elfi Tischler getauft wurde

Erzählung

Letzten Sonntag war im Hause Tischler ein großes Fest: Elfi ist getauft worden! Tischlers hatten sich mit vier anderen Familien aus der Pfarrei St. Leonhard abgesprochen, daß sie ihre Babys am 19. Juni taufen lassen wollten. Die eine Familie brachte einen Vetter mit, der Gitarre spielen konnte, einen Lehrer, der sang mit den Kindern, die sich zur Taufe eingefunden hatten, Lieder aus dem Gotteslob. Eine andere Familie hatte eine Gärtnerin in der Verwandtschaft; die hatte mit ihrer Freundin für alle Mädchen Margeriten-Kränze geflochten. Und für die Jungen hatte sie schöne Sträuße aus Schafgarbe und lila Skabiosen gemacht. Die dritte Familie hatte Plätzchen gebacken, die nach der Tauffeier an die großen und kleinen Leute verteilt werden sollten. Die vierte Familie war zurückhaltend; sie trugen nichts zur Tauffeier bei: „Diesen Schnickschnack machen wir nicht mit", sagten sie. Herr Tischler, von Beruf Zeitungsdrucker, hatte sich etwas Nettes ausgedacht: Er hatte die Lebensgeschichten und Legenden der fünf Namensheiligen der Kinder und des Pfarrpatrons aus einem Buch abgeschrieben und auf einem sechsseitigen Faltblatt abgedruckt, das nachher an jeden in der Kirche verteilt wurde.

Zu Beginn der Tauffeier sagte der Priester, vorn am Kirchenportal: „Welchen Namen haben Sie Ihren Kindern gegeben?" Die Eltern antworteten der Reihe nach: „Ulrich, aber wir rufen ihn Uwe!" – „Peter" – „Nena, das kommt von Johanna." – „Schalom, eine mögliche Übersetzung von Friedrich." – „Elfriede, und wir nennen sie Elfi." „Schöne Namen", sagte der Priester. „Ich selber heiße Walter Stevens, und ich bin vor 37 Jahren getauft worden. – Doch nun; was erbitten Sie für Ihre Kinder von der Kirche?" „Wir erbitten die Taufe", antworteten die Eltern. Dann sprach Pastor Stevens: „Ihre Kinder sollen Gott und den Nächsten lieben lernen, wie Christus es uns vorgelebt hat. Wollen Sie Ihren Kindern dabei helfen? Sind Sie sich Ihrer Aufgabe bewußt?" Die Eltern sagten alle: „Ja". Und auch die Paten, die gefragt wurden, sagten: „Ja". Sie machten den Kindern ein Kreuzzeichen auf die Stirn.

Dann stellten sie sich ordentlich auf und zogen in einer Prozession von der Kirchtür zum Taufbrunnen. Unterwegs spielte der Vetter Gitarre, und sie sangen: „Segne diese Kinder, daß sie gehen lernen mit ihren eignen Füßen, auf den Straßen der Erde, auf den mühsamen Treppen, auf den Wegen des Friedens in das Land der Verheißung."

Am Taufbrunnen rief der Priester den Segen Gottes über das Taufwasser herab. Dann sprachen alle, die in der Kirche dabei waren, das Glaubensbekenntnis: „Ich glaube an Gott den Vater, den Allmächtigen, den Schöpfer des Himmels und der Erde. Und an Jesus Christus, seinen eingeborenen Sohn. Ich glaube an den Heiligen Geist." Der kleine Schalom – aus der Familie mit der Gärtnerin – begann zu quäken, und alle mußten schmunzeln, denn sie dachten: Sieh mal an, da will doch das Kerlchen schon das Glaubensbekenntnis selber sprechen!

Der Priester goß jedem der Kinder Wasser über den Kopf und sprach jedes einzeln mit Namen an. Bei Familie Tischlers Baby hieß zum Beispiel sein Satz so: „Elfriede, ich taufe dich im Namen des Vaters und des Sohnes und des Heiligen Geistes." Der Vetter gab ein Zeichen, und alle sangen dreimal Halleluja.

Zuletzt legte der Priester den getauften Kindern das weiße Taufkleid über. Das weiße Taufkleid ist ein Festkleid, wie es die Braut am Hochzeitstag trägt, der Priester bei seiner Weihe, wie die Heiligen es tragen am Thron Gottes. Die Väter zündeten die Taufkerzen an, und dann zogen sie vom Taufbrunnen zum Altar, wo alle das Vaterunser beteten. Der lustige Vetter sagte: „So! Jetzt könnt ihr das Gotteslob wegstecken, jetzt geht's gleich zum Taufkaffee, darum singen wir folgendes: Heut ist ein Fest bei den Fröschen am See, Ball und Konzert und ein großes Dinner. Quak, quak, quak, quak." Pastor Stevens schaute ein bißchen verwundert drein und dachte; Komisch, eigentlich sollte man sowas nicht in einer Kirche singen. Aber dann dachte er; Eigentlich? Warum eigentlich nicht!

Draußen verteilten die Paten das Gebäck, und die Familien gratulierten einander ausführlich, mit viel Lachen und Plaudern; nur die vierte Familie, die machte es kurz, sie fuhren gleich mit dem Auto ab, nach Hause. In den anderen Häusern aber, da war zwar kein Ball und Konzert, aber überall war ein schönes Fest, und Pastor Stevens besuchte sie alle der Reihe nach. „Nein, nein", sagte er überall, „keinen Schnaps heute, sonst bin ich ja nach der 5. Runde k. o.!"

Aus: J. Quadflieg, Das Kinderbuch vom Glauben, Patmos Verlag, Düsseldorf

Biblische Texte

– Sintflut (Gen 6-9)
– Rettung am Schilfmeer (Ex 13,17- 14,31)
– Quellwunder des Mose (Ex 17,1-8; Num 20,1-13)
– Jonas Flucht (Jona 1,3-16)
– Der Gang Jesu auf dem Wasser (Mt 14,22-33)
– Die Fußwaschung (Joh 13,1-20)
– Pilatus wäscht sich die Hände (Mt 27,20-26)

Das Wasser des Lebens

Märchen

Es war einmal ein König, der war krank, und niemand glaubte, daß er mit dem Leben davonkäme. Er hatte aber drei Söhne, die waren darüber betrübt, gingen hinunter in den Schloßgarten und weinten. Da begegnete ihnen ein alter Mann, der fragte sie nach ihrem Kummer. Sie sagten ihm, ihr Vater wäre so krank, daß er wohl sterben würde, denn es wollte ihm nichts helfen. Da sprach der Alte: „Ich weiß noch ein Mittel, das ist das Wasser des Lebens, wenn er davon trinkt, so wird er wieder gesund; es ist aber schwer zu finden." Der Älteste sagte: „Ich will es schon finden", ging zum kranken König und bat ihn, er möchte ihm erlauben auszuziehen, um das Wasser des Lebens zu suchen, denn das könnte ihn allein heilen. „Nein" sprach der König, „die Gefahr dabei ist zu groß, lieber will ich sterben." Er bat aber so lange, bis der König einwilligte. Der Prinz dachte in seinem Herzen: „Bringe ich das Wasser, so bin ich meinem Vater der liebste und erbe das Reich."

Also machte er sich auf und als er eine Zeitlang fortgeritten war, stand da ein Zwerg auf dem Wege, der rief ihn an und sprach: „Wo hinaus so geschwind?" „Dummer Knirps", sagte der Prinz ganz stolz, „das brauchst du nicht zu wissen", und ritt weiter. Das kleine Männchen aber war zornig geworden und hatte einen bösen Wunsch getan. Der Prinz geriet bald hernach in eine Bergschlucht, und je weiter er ritt, je enger taten sich die Berge zusammen, und endlich ward der Weg so eng, daß er keinen Schritt weiter konnte; es war nicht möglich, das Pferd zu wenden oder aus dem Sattel zu steigen, und er saß da wie eingesperrt. Der kranke König wartete lange Zeit auf ihn, aber er kam nicht. Da sagte der zweite Sohn: „Vater, laßt mich ausziehen und das Wasser suchen", und dachte bei sich: „Ist mein Bruder tot, so fällt das Reich mir zu." Der König wollte ihn anfangs auch nicht ziehen lassen, endlich gab er nach.

Der Prinz zog also auf demselben Weg fort, den sein Bruder eingeschlagen hatte, und begegnete auch dem Zwerg, der ihn anhielt und fragte, wohin er so eilig wolle. „Kleiner Knirps", sagte der Prinz, „das brauchst du nicht zu wissen", und ritt fort, ohne sich weiter umzusehen. Aber der Zwerg verwünschte ihn, und er geriet wie der andere in eine Bergschlucht und konnte nicht vorwärts und rückwärts. So geht's aber den Hochmütigen.

Als auch der zweite Sohn ausblieb, so erbot sich der jüngste, auszuziehen und das Wasser zu holen, und der König mußte ihn endlich ziehen lassen. Als er dem Zwerg begegnete und dieser fragte, wohin er so eilig wolle, so hielt er an, gab ihm Rede und Antwort und sagte: „Ich suche das Wasser des Lebens, denn mein Vater ist sterbenskrank." „Weißt du auch, wo das zu finden ist?" „Nein", sagte der Prinz. „Weil du dich betragen hast, wie sich's geziemt, nicht übermütig wie deine falschen Brüder, so will ich dir Auskunft geben und dir sagen, wie du zu dem Wasser des Lebens gelangst. Es quillt aus einem Brunnen in dem Hofe eines verwünschten Schlosses, aber du dringst nicht hinein, wenn ich dir nicht eine eiserne Rute gebe und zwei Laiberchen Brot. Mit der Rute schlag dreimal an das eiserne Tor des Schlosses, so wird es aufspringen; inwendig liegen zwei Löwen, die den Rachen aufsperren, wenn du aber jedem ein Brot hineinwirfst, so werden sie still, und dann eile dich und hol von dem Wasser des Lebens, bevor es zwölf schlägt, sonst schlägt das Tor wieder zu, und du bist eingesperrt." Der Prinz dankte ihm, nahm die Rute und das Brot und machte sich auf den Weg. Und als er anlangte, war alles so, wie der Zwerg gesagt hatte. Das Tor sprang beim dritten Rutenschlag auf und als er die Löwen mit dem Brot besänftigt hatte, trat er in das Schloß und kam in einen großen schönen Saal; darin saßen verwünschte Prinzen, denen zog er die Ringe vom Finger, dann lag da ein Schwert und ein Brot, das nahm er weg. Und weiter kam er in ein Zimmer, darin stand eine schöne Jungfrau, die freute sich, als sie ihn sah, küßte ihn und sagte, er hätte sie erlöst und sollte ihr ganzes Reich haben, und wenn er in einem Jahr wiederkäme, so sollte ihre Hochzeit gefeiert werden. Dann sagte sie ihm auch, wo der Brunnen wäre mit dem Lebenswasser, er müßte sich aber eilen und daraus schöpfen, eh es zwölf schlüge. Da ging er weiter und kam endlich in ein Zimmer, wo ein schönes frischgedecktes Bett stand, und weil er müde war, wollt er erst ein wenig ausruhen. Also legte er sich und schlief ein; als er erwachte, schlug es dreiviertel auf zwölf. Da sprang er ganz erschrocken auf, lief zu dem Brunnen und schöpfte daraus mit einem Becher, der daneben stand, und eilte, daß er fortkam. Wie er eben zum eisernen Tor hinausging, da schlug's zwölf, und das Tor schlug so heftig zu, daß es ihm noch ein Stück von der Ferse wegnahm.

Er aber war froh, daß er das Wasser des Lebens erlangt hatte, ging heimwärts und kam wieder an dem Zwerg vorbei. Als dieser das Schwert und das Brot sah, sprach er: „Damit hast du großes Gut gewonnen, mit dem Schwert kannst du ganze Heere schlagen, das Brot aber wird niemals all." Der Prinz wollte ohne seine Brüder nicht zu dem Vater nach Haus kommen und sprach: „Lieber Zwerg, kannst du mir nicht sagen, wo meine zwei Brüder sind? Sie sind früher als ich nach dem Wasser des Lebens ausgezogen und sind nicht wiedergekommen." „Zwischen zwei Bergen stecken sie eingeschlossen", sprach der Zwerg, „dahin habe ich sie verwünscht weil sie so übermütig waren." Da bat der Prinz so lange, bis der Zwerg sie wieder losließ, aber er warnte ihn und sprach: „Hüte dich vor ihnen, sie haben ein böses Herz."

Als seine Brüder kamen, freute er sich und erzählte ihnen, wie es ihm ergangen wäre, daß er das Wasser des Lebens gefunden und einen Becher voll mitgenommen und eine schöne Prinzessin erlöst hätte, die wollte ein Jahr lang auf ihn warten, dann sollte Hochzeit gehalten werden, und er bekäme ein großes Reich. Danach ritten sie zusammen fort und gerieten in ein Land, wo Hunger und Krieg war, und der König glaubte schon, er müßte verderben, so groß war die Not. Da ging der Prinz zu ihm und gab ihm das Brot, womit er sein ganzes Reich speiste und sättigte, und dann gab ihm der Prinz auch das Schwert, damit schlug er die Heere seiner Feinde und konnte nun in Ruhe und Frieden leben. Da nahm der Prinz sein Brot und Schwert wieder zurück, und die drei Brüder ritten weiter. Sie kamen aber noch in zwei Länder, wo Hunger und Krieg herrschten, und da gab der Prinz den Königen jedesmal sein Brot und Schwert und hatte nun drei Reiche gerettet. Und danach setzten sie sich auf ein Schiff und fuhren übers Meer. Während der Fahrt, da sprachen die beiden ältesten unter sich: „Der jüngste hat das Wasser des Lebens gefunden und wir nicht, dafür wird ihm unser Vater das Reich geben, das uns gebührt, und er wird unser Glück wegnehmen." Da wurden sie rachsüchtig und verabredeten miteinander, daß sie ihn verderben wollten. Sie warteten, bis er einmal fest eingeschlafen war, da gossen sie das Wasser des Lebens aus dem Becher und nahmen es für sich, ihm aber gossen sie bitteres Meerwasser hinein.

Als sie nun daheim ankamen, brachte der jüngste dem kranken König seinen Becher, damit er daraus trinken und gesund werden sollte. Kaum aber hatte er ein wenig von dem bitteren Meerwasser getrunken, so ward er noch kränker als zuvor. Und wie er darüber jammerte, kamen die beiden ältesten Söhne und klagten den jüngsten an, er hätte ihn vergiften wollen, sie brachten ihm das rechte Wasser des Lebens, und reichten es ihm. Kaum hatte er davon getrunken, so fühlte er seine Krankheit verschwinden und ward stark und gesund wie in seinen jungen Tagen. Danach gingen die beiden zu dem jüngsten, verspotteten ihn und sagten: „Du hast zwar das Wasser des Lebens gefunden, aber du hast die Mühe gehabt und wir den Lohn; du hättest klüger sein und die Augen aufbehalten sollen, wir haben dir's genommen, während du auf dem Meere eingeschlafen warst und übers Jahr, da holt sich einer von uns die schöne Königstochter. Aber hüte dich, daß du nichts davon verrätst, der Vater glaubt dir doch nicht, und wenn du ein einziges Wort sagst, so sollst du noch obendrein dein Leben verlieren, schweigst du aber, so soll dir's geschenkt sein."

Der alte König war zornig über seinen jüngsten Sohn und glaubte, er hätte ihm nach dem Leben getrachtet. Also ließ er den Hof versammeln und das Urteil über ihn sprechen, daß er heimlich sollte erschossen werden. Als der Prinz nun einmal auf die Jagd ritt und nichts Böses vermutete, mußte des Königs Jäger mitgehen. Draußen, als sie ganz allein im Wald waren und der Jäger so traurig aussah, sagte der Prinz zu ihm: „Lieber Jäger, was fehlt dir?" Der Jäger sprach: „Ich kann's nicht sagen und soll es doch." Da sprach der Prinz: „Sage heraus, was es ist, ich will dir's verzeihen." „Ach", sagte der Jäger, „ich soll Euch totschießen, der König hat mir's befohlen." Da erschrak der Prinz und sprach: „Lieber Jäger, laß mich leben, da geb ich dir mein königliches Kleid, gib mir dafür ein schlechtes." Der Jäger sagte: „Das will ich gerne tun, ich hätte doch nicht nach Euch schießen können." Da tauschten sie die Kleider, und der Jäger ging heim, der Prinz aber ging weiter in den Wald hinein.

Über eine Zeit, da kamen zu dem alten König drei Wagen mit Gold und Edelsteinen für seinen jüngsten Sohn; sie waren aber von den drei Königen geschickt, die mit des Prinzen Schwert die Feinde geschlagen und mit seinem Brot ihr Land ernährt hatten und die sich dankbar bezeigen wollten. Da dachte der alte König: „Sollte mein Sohn unschuldig gewesen sein?" Und sprach zu seinen Leuten: „Wäre er noch am Leben, wie tut mir's so leid, daß ich ihn habe töten lassen." „Er lebt noch", sprach der Jäger, „ich konnte es nicht übers Herz bringen, Eueren Befehl auszuführen", und sagte dem König, wie es zugegangen war. Da fiel dem König ein Stein von dem Herzen, und er ließ in allen Reichen verkündigen, sein Sohn dürfte wiederkommen und sollte in Gnaden aufgenommen werden.

Die Königstochter aber ließ eine Straße vor ihrem Schloß machen, die war ganz golden und glänzend, und sagte ihren Leuten, wer darauf geradewegs zu ihr geritten käme, das wäre der rechte, und den sollten sie einlassen, wer aber daneben käme, der wäre der rechte nicht, und den sollten sie auch nicht einlassen. Als nun die Zeit bald herum war, dachte der älteste, er wollte sich eilen, zur Königstochter gehen und sich für ihren Erlöser ausgeben, da bekäme er sie zur Gemahlin und das Reich daneben. Also ritt er fort, und als er vor das Schloß kam und die schöne goldene Straße sah, dachte er: „Das wäre jammerschade, wenn du darauf rittest", lenkte ab und ritt rechts nebenher. Wie er aber vor das Tor kam, sagten die Leute zu ihm, er wäre der rechte nicht, er sollte wieder fortgehen. Bald darauf machte sich der zweite Prinz auf, und wie der zur goldenen Straße kam und das Pferd den einen Fuß daraufgesetzt hatte, dachte er: „Es wäre jammerschade, das könnte etwas abtreten", lenkte ab und ritt links nebenher. Wie er aber vor das Tor kam, sagten die Leute, er wäre der rechte nicht, er sollte wieder fortgehen. Als nun das Jahr ganz herum war, wollte der dritte aus dem Wald fort zu seiner Liebsten reiten und bei ihr sein Leid vergessen. Also machte er sich auf und dachte immer an sie und wäre gerne schon bei ihr gewesen und sah die goldene Straße gar nicht. Da ritt sein Pferd mitten darüber hin, und als er vor das Tor kam, ward es aufgetan, und die Königstochter empfing ihn mit Freuden und sagte, er wär ihr Erlöser und der Herr des Königreichs, und ward die Hochzeit gehalten mit großer Glückseligkeit. Und als sie vorbei war, erzählte sie ihm, daß sein Vater ihn zu sich entboten und ihm verziehen hätte. Da ritt er hin und sagte ihm alles, wie seine Brüder ihn betrogen und er doch dazu geschwiegen hätte. Der alte König wollte sie strafen, aber sie hatten sich aufs Meer gesetzt und waren fortgeschifft und kamen ihr Lebtag nicht wieder.

Aus: Gebrüder Grimm, Kinder- und Hausmärchen, Nr. 97

Weitere Märchen

In sehr vielen Grimmschen Märchen spielt Wasser eine zentrale Rolle, z.B.
- Die weiße Schlange (17)
- Frau Holle (24)
- Das Hirtenbüblein (152)
- Die Gänsehirtin am Brunnen (179)
- Das Meerhäschen (191)

Sprichwörter

- Aus einer bitteren Quelle fließt kein süßes Wasser.
- Das Wasser läuft nicht den Berg hinauf.
- Durst macht aus Wasser Wein.
- Ein kleiner Regen gibt auch Wasser.
- In einem Sumpf muß man kein klares Wasser suchen.
- In schönen Wassern kann man auch ertrinken.
- Mancher lobt das Wasser und bleibt auf dem Lande.
- Wem das Wasser nicht schmeckt, der hat keinen Durst.
- Wenn das Herz brennt, muß der Kopf Wasser holen.
- Wenn der Brunnen trocken ist, schätzt man erst das Wasser.
- Wenn des Nachbarn Haus brennt, so trägt man Wasser zum eigenen.
- Wer sich ertränken will, findet überall Wasser.
- Zuviel Wasser ertränkt den Müller

(Weitere Sprichwörter siehe: H. und K. Beyer, Sprichwörterlexikon, München 1986; L. Röhrich, Lexikon der sprichwörtlichen Redensarten, 4 Bde., Freiburg [4]1986)

Über Sprichwörter kann man reden, man kann sie in unterschiedlichen Techniken bildlich darstellen, man kann sie spielen als Rollenspiel, Pantomime ...

Rätsel

Was ist das?
Wenn es regnet, wird es naß;
wenn es schneit, wird es weiß;
wenn es friert, ist es Eis. (Wasser)

Welcher Hahn kräht nicht? (Wasserhahn)

Welche Brücke ist aus Farben und Tropfen und doch kann kein Mensch über sie gehen? (Regenbogen)

Welchen Spiegel kann man nicht zerschlagen? (Wasserspiegel)

In der Luft, da fliegt's,
auf der Erde liegt's,
auf dem Baume sitzt's,
in der Hand, da schwitzt's,
auf dem Ofen zerläuft's,
in dem Wasser ersäuft's,
wer gescheit ist, begreift's. (Schneeflocke)

Kann man wohl wagen, Wasser im Sieb zu tragen?
(als Eis und Schnee)

Welcher Hase springt nie ins Wasser? (Angsthase)

Welcher Stern, Igel, Hund, Löwe, welches Pferd lebt im Wasser?
(Seestern, Seeigel, Seehund, Seelöwe, Seepferdchen)

Es flog ein Vogel federlos
Auf einen Baum blattlos.
Da kam die Frau mundlos
Und aß den Vogel federlos. (Schneeflocke)

Ich weiß etwas,
Das trägt ein Fuder Heu,
Aber keine Nähnadel. (Wasser)

3. Stein, Fels

Eigenschaften und Sinngehalt

Steine drücken Ewiges, Unveränderliches, Unsterbliches aus, sie sind Zeichen für Stabilität, Dauerhaftigkeit, Zuverlässigkeit. Geht es darum, Festigkeit, Unbeirrbarkeit, Treue aber auch Härte zu charakterisieren, wählt man zum Vergleich den Stein. Steine sind unbeweglich, statisch, leblos, ja seelenlos. Dies macht ihren Gegensatz zu allem organischen, zu Pflanzen und Tieren aus. Daher gelten Steine als kalt, es sei denn, sie sind von der Sonne erwärmt, dann können sie Wärme speichern und lange Zeit abgeben. Für Tiere und Menschen sind Steine ungenießbar, nicht verdaubar, „liegen schwer im Magen". Und doch kann der Stein auch Leben in sich haben: schlagen wir Steine gegeneinander, sprüht Feuer heraus und aus dem Felsen quillt das Wasser des Lebens.

Felsen sind schroff, kantig, unbezwingbar, sie gewähren zugleich aber auch Schutz, Zuflucht gegen Angreifer. Wer auf einem Felsen steht, hat einen weiten Blick, kann frühzeitig Boten, kommendes Wetter, drohende Gefahren ausmachen. Eine Burg auf einem Fels ist uneinnehmbar, sie bietet Schutz und kann für den Gefährdeten Rettung bedeuten.

In der Bibel wird Gott als Fels (Dtn 32,4), als schützender Fels (Ps 62,8) bezeichnet; er ist die Burg auf dem Fels, die Rettung gewährt (2 Sam 22,2f; Ps 18,3). Paulus bezeichnet Christus als den „Lebensspendenden Fels" (1 Kor 10,4). Er ist „der Stein, den die Bauleute verwarfen, er ist zum Eckstein geworden" (Ps 118,22; Apg 4,11; 1 Petr 2,7). Simon wird von Jesus als Petrus, als Fels für die Kirche berufen (Mt 16,18).

3.1. Erfahrungen mit Steinen

Steinmeditation

An einem Bach oder auf einem Weg suchen wir uns Steine.
– Wir halten, drehen die Steine in unseren Händen, sie sind rund, kantig, einschmiegsam, abweisend ...
– Wir sehen uns die Steine genau an, ihre Form, ihre Farbe ...
– Wir riechen an Steinen, wir reiben Steine gegeneinander, daß sie heiß werden und riechen dann daran.
– Wir schlagen Steine gegeneinander und erzeugen so Töne, dicke gegen dünne Steine, Stein gegen Holz, Stein gegen Erde, Stein gegen Glas ...
– Wir halten in jeder Hand einen Stein, welcher ist schwerer?
– Mein Stein sieht aus wie ein Gesicht, Ente, Fuß ...
– Wir suchen uns einen Lieblingsstein heraus und erzählen, was uns an ihm so gut gefällt; was gefällt uns an anderen Steinen nicht?
– Gemeinsam legen wir mit unseren Steinen ein Muster, ein Symbol ...

3.2. Kreativer Umgang mit Steinen

Musikalisch

– Eine/einer schlägt mit zwei Steinen einen Rhythmus, alle anderen bewegen sich danach, oder schlagen diesen Rhythmus nach.
– Wir sitzen im Kreis, Augen geschlossen, zur Musik werden Stei-

Bildhaftes Gestalten

ne im Kreis herumgegeben, hört die Musik auf, halten wir einen Stein in der Hand, befühlen ihn, beschreiben ihn, jetzt öffnen wir die Augen, wie sieht er wirklich aus?
– Eine Melodie mit Steinen schlagen, um welches Lied handelt es sich?
– Wir bemalen Steine.
– Wir schreiben unseren Namen auf einen Stein, farbig, in besonders schöner Schrift, in unterschiedlichen Schriften ...
– Mehrere Steine kleben wir zu einer Figur zusammen, z.B. Vogel, Hase ...
– Wir legen unseren Stein auf ein Blatt Papier, mit einem Farbstift umranden wir den Stein, auf dem Papier erscheint sein Umriß. Mit einer anderen Seite legen wir den Stein auf das Blatt und umranden ihn in einer neuen Farbe. Dies können wir mehrmals wiederholen und so die verschiedenen Seiten des Steins nachzeichnen. Wir können den Stein auch jeweils auf die gleiche Stelle des Papiers malen, so daß sich die farbigen Umrandungen überschneiden.
– Aus kleinen Kieselsteinen, die verschieden farbig angemalt wurden, legen wir ein Mosaik.
– Jede und jeder erhält einen großen Tuffstein, mit Hammer und Meißel kann eine Figur herausgeschlagen werden.
– Wir haben viele kleine, mittelgroße und größere Steine; damit legen wir unterschiedliche Formen – Quadrate, Rechtecke, Dreiecke, Kreise, Ovale – zu einer Figur.

3.3. Spiele

– Den Lieblingsstein legt jede/jeder in die Mitte. Mit geschlossenen Augen suchen wir diesen aus dem Steinhaufen heraus.
– Mit geschlossenen Augen liegen alle TeilnehmerInnen auf dem Boden. Eine Mitspielerin oder ein Mitspieler legt nun anderen einen Stein auf irgendein Körperteil. Jede/jeder rät, wo der Stein liegt.
– Fünf besonders markante Steine liegen in der Mitte. Wir versuchen, durch Körperhaltung einen Stein darzustellen. Alle raten, um welchen Stein es sich handelt.
– Wir stehen im Kreis. Eine Person geht außen herum, legt einen Stein hinter eine Teilnehmerin, einen Teilnehmer und rennt los. Die andere Person muß hinterherlaufen und versuchen, sie/ihn zu erreichen bevor sie/er auf ihren/seinen Platz kommt. Schafft sie/er es, ist sie/er an der Reihe;
– In Pantomime wird der unterschiedliche Umgang mit Steinen dargestellt: schweren Stein tragen, Stein werfen, Stein ausgraben ...
– Wir versuchen, mit zwei, drei ... Steinen zu jonglieren.

Zielschule

Anzahl der Spielerinnen/Spieler: mindestens zwei.
Spielmaterial: Kübel oder Waschmitteltonne, einige Kieselsteine.

Auf dem Boden werden im Abstand von jeweils 3 Metern sechs horizontale Linien gezogen. Wieder 3 Meter vor der ersten Linie wird genau in der Mitte das Gefäß aufgestellt.

Wir stellen uns nun auf die erste Linie und versuchen, einen Stein in das Gefäß zu werfen. Wem der erste Versuch mißlingt, der darf, sobald er wieder an die Reihe kommt, einen zweiten und schließlich noch einen dritten Versuch machen. Nach drei mißglückten Versuchen muß man aus scheiden.

Jede/jeder aber, die/der mit seinem Stein in das Gefäß trifft, darf „eine Klasse" höhersteigen und das nächste Mal aus 6 bzw. 9 und 12 Meter Entfernung werfen, bis sie/er schließlich aus 18 Meter Entfernung in den Topf treffen muß.

Siegerin/Sieger ist natürlich wer als erste/erster mit Erfolg die „höchste Klasse" absolviert hat. Sollte niemand dieses Ziel erreichen, dann hat gewonnen, wer am weitesten aufgestiegen ist.

Rechte: Hannelore Bürstmayr, Enzersdorf

Geschicklichkeitsspiel

Jede/r hat vor sich ein Häufchen Steine liegen. Ein Stein wird in die Luft geworfen (nicht sehr hoch!). Während der Stein noch fliegt, bückt man sich blitzschnell um einen zweiten.

Wenn es gelingt, den ersten Stein zu fangen, darf man diesen auf die Seite legen. Nun wird der zweite Stein in die Luft geworfen, und man bückt sich um den dritten Stein usw.

Die nicht aufgefangenen Steine müssen auf den Haufen zurückgelegt werden.

Wer als erste/erster alle Steine „übersiedelt", hat gewonnen.

Rechte: Hannelore Bürstmayr, Enzersdorf

Kora (Aufheben)

Anzahl der Spieler: mindestens zwei.
Spielmaterial: für jede/jeden Spielerin/Spieler 21 kleine Steinchen.
Wir knien auf dem Boden.

Das Spiel hat drei Durchgänge: mit 7, mit 14 und mit 21 Steinchen. Eine/r nimmt zunächst sieben Steinchen in die rechte Hand, wirft alle zugleich hoch und versucht sie mit der linken Hand wieder aufzufangen.

Wenn alle Steinchen wieder aufgefangen sind, bekommt man 7 Punkte. Fallen einige der Steinchen auf den Boden, dann hält man mit der linken Hand die aufgefangenen Steinchen fest, nimmt

II. Teil: Praktische Umsetzung

aber eines davon zwischen Daumen und Zeigefinger und wirft es hoch.

Während sich das Steinchen in der Luft befindet, versucht man mit der rechten Hand ein am Boden liegendes Steinchen (oder mehrere hintereinander) aufzuheben.

Jede/r darf pro Durchgang zwei Aufsammel-Versuche machen, dann wird die Gesamtzahl der Steinchen notiert. (Im besten Fall sind das im ersten Durchgang 7, im zweiten 14 und im dritten 21!)

Gewonnen hat natürlich, wer zuletzt die meisten Punkte vorweisen kann.

Ein Tip: Die rechte Hand soll möglichst blind arbeiten, während man die ganze Aufmerksamkeit auf das emporgeworfene Steinchen richtet, das man wieder auffangen muß!

Rechte: Hannelore Bürstmayr, Enzersdorf

Ende

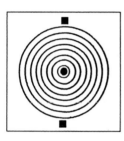

Wenn man „Ende" spielen möchte (es ist ein Spiel für jeweils zwei Personen), dann legen beide einen Stein auf den „Schwanz" (außerhalb der Kreise). Eine/r nimmt einen dritten Stein in die Hand hinter dem Rücken. Eine/r andere/r muß raten, ob das Steinchen in der rechten oder linken Hand des Gegenüberstehenden ist. Richtig geraten, darf man seinen Stein in den ersten Ring legen. Falsch geraten, ist der/die Andere an der Reihe zu raten. Wer zuerst seinen Stein in die Mitte auf den schwarzen Punkt legen kann, hat gewonnen.

Aus: Schule und Mission, Kindermissionswerk Aachen, Heft 4 (1989/90)

3.4. Wissenswertes über Steine

Gesteine

Abbildungen und Informationen zu Steinen siehe:
Was ist was, Bd. 45, Mineralien und Gesteine, Nürnberg 1994; C. Pellant, Steine und Mineralien, Ravensburg [4]1997; A. Woolley, C. Bishop, R. Hamilton, Der Kosmos-Steinführer, Stuttgart [7]1990)

Die Ägyptischen Pyramiden

Die Pyramiden in Ägypten wurden vor über 4500 Jahren gebaut. Bis heute sind es die größten Steinbauten der Erde. Die bekanntesten sind die Pyramiden von Gizeh, in der Nähe von Kairo. Hier steht auch die größte Pyramide überhaupt, die Cheops-Pyramide: wahrscheinlich errichtet um 2600 v.Chr., Bauzeit etwa 20 Jahre, ursprüngliche Höhe 146 m. Auf der Basisfläche von 52900 m^2 (Seitenlänge 230 m) würden Peterskirche, Kölner Dom und Westminster Abbey zusammen Platz finden. 2,5 Millionen Steinblöcke, jeder ein Kubikmeter im Volumen und 2,5 t schwer, wurden verbaut. Insgesamt wurden über 6 Millionen Tonnen Kalkstein verarbeitet. Die Steine sind so präzise behauen, daß sie fugengenau, ohne Mörtel oder Zement, aufeinander geschichtet werden konnten. Über der Grabkammer befinden sich gewaltige Granitblöcke, jeder mehr als 70 t schwer. All das wurde errichtet, ohne daß das Rad erfunden war, ohne Zugtiere, nur mit Menschenkraft. Die Steine wurden auf Rollen oder Schlitten befördert. (Literatur mit z. T. sehr gutem Bildmaterial: alle Reiseführer über Ägypten; E. Leospo Die Pyramiden von Sakkara und Gizeh, Herrsching 1989; Was ist was, Bd. 81, Die Sieben Weltwunder, Nürnberg 1987, 7-14; Sehen-Staunen-Wissen, Pyramiden, Hildesheim ²1998.)

Besuch einer Mineraliensammlung

Gut vorbereitet und geführt, ist der Besuch einer Steinsammlung für Kinder hochinteressant. Es gibt viel zu sehen und zu erfragen.

3.5. Einen biblischen Text erschließen

Das Gleichnis vom Haus auf dem Fels

Text: Vom Haus auf dem Felsen (Mt 7,24-27; Lk 6,47-49)

Mit diesem Gleichnis verkündet Jesus die Botschaft: So wie der Bauherr richtig handelt, der sein Haus auf einen Felsen baut, also ein haltbares Fundament schafft und daher Überschwemmungen und Unwetter übersteht, so handelt auch der Mensch richtig, der nach Jesu Botschaft lebt und nicht nur von ihr redet. Wer aber nicht Jesu Weisungen beachtet, dem wird es ergehen wie einem Haus auf Sand, ohne haltbares Fundament, er wird zugrunde gehen (siehe: J. Gnilka, Das Matthäusevangelium, 1. Teil, Freiburg 1986, 279-283, H. Schürmann, Das Lukasevangelium, l. Teil, Freiburg 1969, 379-383; G. Schneider, Das Evangelium nach Lukas, Gütersloh ³1992, 161-163).

Aus der Fülle möglicher Methoden der Bibelarbeit seien nur einige, die ohne größeren Aufwand realisierbar sind, ausgewählt:

Text erschließen

– An Hand von zwei Bildern (Burg auf einem Fels, Sanddüne) den Text erzählen und ins Gespräch kommen.
– Die Perikope aus verschiedenen Bibelübersetzungen vorlesen und über Unterschiede und Gemeinsamkeiten sprechen.
– Mt 7,24-27 und Lk 6,47-49 miteinander vergleichen. Welche Gemeinsamkeiten, welche Unterschiede bestehen? Welches Bild setzt Matthäus voraus (das Haus steht auf einem Berg und widersteht den Regenmassen), welches Lukas (das Haus steht an einem Fluß und wird vom Hochwasser gefährdet)?
– Am Beispiel von Mt 7,24-27 und Lk 6,47-49 erklären, erarbeiten, wie Gleichnisse grundsätzlich analysiert und gedeutet werden können: Man kann bei Gleichnissen zwischen einer Bild- und einer Sachhälfte unterscheiden. In unserem Fall ist das Bild das Haus auf

dem Fels bzw. Sand. Angesprochen sind damit die Hörer, Leser, also wir selbst (Sachhälfte). Gemeinsam sind beiden Hälften gewisse Vergleichspunkte. (So fest wie das Haus auf dem Fels ist, so fest wird auch der im Endgericht bestehen, der nach Jesu Wort handelt und umgekehrt.) Dies läßt sich zur Verdeutlichung auch graphisch darstellen:

1. Das Bild	*2. Worauf das Bild zielt*
(Bildhälfte)	(Sachhälfte)
Haus auf Fels, bzw. Sand	die Hörer, wir
	3. Vergleichspunkte
	(tertium comparationis)
steht fest auf Fels	handelt nach Jesu Wort, wird daher im Endgericht bestehen
steht auf Sand	handelt nicht nach Jesu Wort ...

– In anderen – heutigen – Bildern den Gedanken des Gleichnisses wiedergeben (wie jemand, der sein Rad, Auto, Geld ... einem Unzuverlässigen leiht ...).
– Als Rollenspiel oder Pantomime das Gleichnis in seiner ursprünglichen Form und aktualisiert mit neuen Bildern spielen bzw. darstellen;
– Postkarte mit Burg oder Haus auf einem Fels oben links oder rechts auf ein Blatt Papier kleben. Diese Postkarte soll nun auf dem Papier weiter gemalt werden, wobei im Tal ein Haus auf Sand steht.
– Textpuzzle: Je zwei SpielerInnen, Text nach jedem Satzzeichen zerschneiden, jede/r erhält die halbe Anzahl der Zettel, der Text ist gemeinsam zu legen.

Bibelmeditation

Der Bibeltext wird vorgelesen, danach einige Minuten Schweigen. Ein zweites Mal wird der Text vorgelesen (u.U. in einer anderen Übersetzung), danach spielt eine ruhige Musik. Nochmals wird der Text gelesen, jetzt kann man sich gegenseitig austauschen über den Text. Abschließend hört man nochmals den Text.

Bibel-Teilen

Dieser Weg, die Bibel für die heutige Situation, für das Leben wirksam werden zu lassen, kommt ursprünglich aus Süd-Afrika und wird inzwischen in der ganzen christlichen Welt von vielen Menschen gegangen. Die sieben Schritte sind:
1. Wir laden den Herrn ein (Lied, Gebet).
2. Wir lesen den Text.
3. Wir verweilen beim Text (Welches Wort ist für mich wichtig? Die TeilnehmerInnen und Teilnehmer lesen dieses Wort, den Satz vor – vielleicht mehrmals mit Pausen).

4. Wir schweigen. (Nachdem der Text noch einmal im Zusammenhang gelesen wurde, bleibt man eine festgesetzte Zeit – z. B. 5 Min. – in der Stille).
5. Wir teilen (mit), was uns berührt. (Keine Predigt, keine Diskussion: Ich sage den anderen, was mich besonders angesprochen hat.)
6. Wir besprechen, was dieser Text für mich konkret bedeutet. (Wo und wie kann dieser Text für mein, unser Leben wirksam werden?)
7. Wir beten.
(Um diesen Weg der Bibelerschließung genauer kennenzulernen, ist das Heft Bibel-Teilen, Missio, Aachen 1988, sehr hilfreich. Als grundsätzliche Einführung in Methoden der Bibelarbeit empfehlen sich: W. Langer, Handbuch der Bibelarbeit, München 1987, bes. 257-273 und 296-344; H. Kurz, Methoden des Religionsunterrichts, München ³1992, 51-77; K. Schilling, Wege ganzheitlicher Bibelarbeit, Stuttgart 1992; I. Baldermann, Einführung in die biblische Didaktik, Darmstadt 1996; G. Adam, R. Lachmann, Methodisches Kompendium für den Religionsunterricht, Göttingen ²1996, 136-186.)

3.6. Lieder

– Lied vom Stein (L. Edelkötter; Biblische Spiellieder zum Misereor-Hungertuch aus Haiti)
– Ich möcht' wie ein Stein im Wasser sein (R. Krenzer, Das große Liederbuch, Limburg 1988, 14)

Ins Wasser fällt ein Stein

1. Ins Was-ser fällt ein Stein, ganz heim-lich, still und lei - se; und ist er noch so klein, er zieht doch wei - te Krei - se. Wo Got - tes gro - ße Lie - be in ei - nen Men- schen fällt, da wirkt sie fort in Tat und Wort hin - aus in uns - re Welt.

2. Ein Funke, kaum zu sehn, entfacht doch helle Flammen,
und die im Dunkeln stehn, die ruft der Schein zusammen.
Wo Gottes große Liebe in einem Menschen brennt,
da wird die Welt von Licht erhellt; da bleibt nichts, was uns trennt.

3. Nimm Gottes Liebe an. Du brauchst dich nicht allein zu mühn,
denn seine Liebe kann in deinem Leben Kreise ziehn.

Und füllt sie erst dein Leben, und setzt sie dich in Brand,
gehst du hinaus, teilst Liebe aus, denn Gott füllt dir die Hand.

Originaltitel: Pass it on, Text & Melodie: Kurt + Kaiser, Deutsch: Manfred Siebald, © by Bud John Songs/Sparrow/EMICMP. Rechte für Deutschland: Universal Songs, Holland. Used by permission

Wo der Stein ins Wasser fällt

T. Hans-Jürgen Netz, M: Peter Janssens, aus: Ehre sei Gott auf der Erde, 1974, alle Rechte im Peter Janssens Musik Verlag, Telgte-Westfalen

Geh, geh, geh zum Fels und sage

2. Geh, geh, geh zur Nacht und sage:
hell, hell, hell, denn wir sind verirrt, wir sind verirrt.

3. Geh, geh, geh zum Stein und sage:
Brot, Brot, Brot denn wir sind in Not, wir sind in Not.

4. Geh, geh, geh zu Ihm und sage:
Mensch, Mensch, Mensch, wir sind so allein, sind so allein.

T: Wilhelm Willms, M: Peter Janssens, aus: Ave Eva, 1974, alle Rechte im Peter Janssens Musik Verlag, Telgte-Westfalen

3.7. Tanz

Ein Mann, der hat sein Haus auf Fels gebaut (Mt 7,24-27)

2. Und der Regen fällt herab, und die Flut steigt hoch (3mal)
und das Haus auf dem Fels bleibt stehn (2mal)

3. Der andre aber hat's auf Sand gebaut (3mal),
und der Regen fällt herab.

4. Und der Regen fällt herab und die Flut steigt hoch (3mal)
und das Haus auf dem Sand fällt um (2mal)

5. Drum bau dein Haus auf den Herrn Jesus Christ (3mal).
und der Segen kommt herab (2mal)

6. Und der Segen kommt herab, und die Freude ist groß (3mal),
und das Haus auf dem Fels bleibt stehn. (2mal)

Haus: Hände zu einem spitzen Dach formen.

Fels: Zwei Fäuste übereinanderlegen.

Regen: Mit Fingern Tröpfelbewegungen machen von oben nach unten.

Flut steigt hoch: Flache Hände, Handflächen nach unten, stufenweise hochheben.

bleibt stehen: Arme übereinanderlegen.

Sand: Finger bewegen wie beim Klavierspielen.

fällt um: Mit den Händen ein spitzes Dach formen und dann zur Seite neigen.

Herr Jesus Christ: Mit der flachen Hand auf ein Kreuz zeigen, falls vorhanden, wenn nicht über die rechte Schulter nach oben deuten.

Segen: Handflächen nach unten, Arme von oben nach unten langsam senken.

Freude: In die Hände klatschen.

Auch wenn die Bewegungen nur zu einzelnen Wörtern aufgeschrieben sind, werden sie nach dem jeweiligen Wort nicht plötzlich abgebrochen, sondern erst, wenn eine neue Bewegung einsetzt oder es sich vom Sinn her ergibt.

Aus: Waltraud Schneider, Getanztes Gebet, Verlag Herder, Freiburg ⁴1991, 66f

3.8. Texte

Ein Stein

Erzählung

Seit zwei Wochen lebte der neunjährige Peter mit seiner Mutter allein. Die Eltern hatten beschlossen, sich für einige Zeit zu trennen, und der Vater war ausgezogen. Seitdem arbeitete die Mutter beim Händler Merwald, um Geld für sich und Peter zu verdienen.

Eines Tages nun schloß Peter die Wohnungstür auf, ging hinein und warf seine Tasche in die Ecke neben den Schrank. Nachdem er Jacke und Schuhe ausgezogen hatte, überlegte er es sich doch anders und stellte die Tasche ordentlich in sein Zimmer. Wenigstens aufräumen mußte er heute, denn er hatte schon ein schlechtes Gewissen, weil er nach Hause gekommen war, anstatt in den Kinderhort zu gehen. Die Mutter hatte ihm dort einen Platz besorgt, weil er sonst allein sein muß. Peter hatte keine Lust gehabt, in den Kinderhort zu gehen. Genaugenommen hatte er im Moment zu gar nichts richtig Lust. Er seufzte traurig und dachte: „Warum ist Vati bloß nicht mehr bei uns?" Da fiel sein Blick auf eine kleine, bunte Streichholzschachtel, die seine Eltern einmal von einer Urlaubsreise mitgebracht hatten. Plötzlich kam ihm eine Idee. Er schichtete alte, bemalte Blätter aufeinander und zündete sie an. Irgendwann legte er Holzstäbe aus seinem Baukasten über das brennende Papier. Die Flammen loderten heller. Während Peter gebannt in sein Lagerfeuer starrte, träumte er von Indianern, Büffeln, von Präriegras und wilden Pferden. Blitzartig, als hätte eine Hand das Lichtspiel hochgerissen, wurde Peter aus seinen Träumen geschreckt.

„Oje, die Küchengardine brennt!" schrie er und sprang auf. Er klopfte wild auf den dünnen Stoff, füllte schnell Wasser in eine Schüssel und goß es über die untere Hälfte der Gardine. „Gott sei Dank, die brennt nicht mehr!" sagte er bei sich. Erleichtert stellte Peter die Schüssel an ihren Platz zurück. Aber wie sah die Küche jetzt aus? Die halbe Küchengardine war schwarz und der Fußboden davor war eine einzige Pfütze. Peter begann, den Fußboden zu wischen. Dann legte er die Streichholzschachtel genau an ihren Platz zurück. Trotz aller Mühe aber blieben die Spuren seines Lagerfeuers sichtbar.

Da hörte er auch schon die Mutter den Schlüssel in der Tür herumdrehen. Sie kam herein. „Hallo Peter", rief sie. Dann schnüffelte sie. „Wie riecht es denn hier?" „Ich hab' versucht, dir die Kartoffeln warmzumachen, die sind mir leider etwas ..."

Die Mutter war aber schon in die Küche gegangen und hatte die Bescherung entdeckt. „Nein", schrie sie, „auch das noch! Wie kannst du mir so etwas antun?"

„Mutti, ich ...", versuchte Peter, zitternd noch etwas einzuwenden. Aber die Mutter ließ ihn nicht zu Wort kommen. „Nein, nein, dafür gibt es keine Entschuldigung. Erst dein Vater, dann du! Ihr beide enttäuscht mich nur!"

Erschöpft ließ sich die Mutter in den Sessel fallen und legte die Hände vors Gesicht. „Peter", rief sie, „ich habe dich zwar noch nie geschlagen, aber heute muß ich dich wirklich streng bestrafen!" Peter bekam ein flaues Gefühl im Magen. „Nein, Mutti", jammerte er und sprang auf. Von plötzlicher Panik gepackt, hetzte er zur Haustür und rannte davon. Draußen irrte er eine Zeitlang umher, bis er sich allmählich beruhigte. Er schluchzte und dachte: „Meint Mutti wirklich, daß ich sie so ärgern wollte? Ich habe sie doch lieb." Peter bückte sich und strich gedankenverloren über die Sträucher. Dabei stieß er aus Versehen mit dem Fuß gegen etwas Hartes. Was war das? Ein faustgroßer Stein, der bis zur Hälfte in der Erde verborgen war. Peter überlegte, buddelte den Stein aus, ging zurück ins Haus und klingelte.

Seine Mutter öffnete die Tür. Einen Moment lang sahen sie sich an. Dann sagte Peter, „Ich wollte die Gardine nicht kaputtmachen, Mutti. Aber wenn du mich bestrafen willst, dann tu' es doch mit diesem Stein."

„Mein Gott", dachte die Mutter, „er hat geglaubt, ich will ihm wirklich weh tun!" Und sie schloß Peter in ihre Arme. – Sie weinten eine Weile zusammen, dann löste Peter sich sanft aus ihrer Umarmung und ging in sein Zimmer. Nach einer Weile kam er wieder heraus, den Stein in der Hand. Der Stein schimmerte hellblau.

„Guck mal, Mutti, der Stein hier ist jetzt eine Wolke. Und wenn wir uns das nächste Mal zanken, gucken wir ihn an und denken daran, wie sich der harte Stein in eine friedliche Wolke verwandelt hat." Da setzte die Mutter den Stein auf das Küchenbord, wo er aussah wie eine Wolke, die durchs Zimmer schwebt.

Rechte: Bärbel Ayck, Hamburg

Märchen   Felsen und Steine spielen u. a. in folgenden Märchen der Brüder Grimm eine Rolle;
- Der Wolf und die sieben Geißlein (5)
- Hänsel und Gretel (15)
- Der Teufel und seine Großmutter (125)
- Der gläserne Sarg (163)

H. Hoff, Märchen erzählen und Märchen spielen, Freiburg 1989, 129-131, bringt ein russisches Märchen, „Die versteinerte Stadt" und Spielanregungen hierzu.

Psalmen   Das Symbol Fels oder Stein findet sich in einigen Psalmen. Wir können einen Psalm beten, den/die entsprechenden Vers/e mehrmals wiederholen, u. U. mit Musik untermalen: so z. B. Ps 18; 31; 62; 114-118.

Sprichwörter
- Hohe Felsen spaltet der Blitz.
- Rührige Hände machen aus Felsen Gartenland.
- Einen geworfenen Stein kann man nicht zurückrufen.
- Ein kleiner Stein kann eine große Beute machen.
- Es gibt Steine, über die auch ein Kluger fällt.
- Es ist kein Stein so hart, man kann ihn polieren.
- Man kann bald einen Stein finden, an dem man sich stößt.
- Was fragt ein Stein nach harten Streichen.
- Wen die Steine verdrießen, der muß keine Kirschen essen.

4. Kreis

Symbolik   Der Kreis ist ein universelles Symbol. Er findet sich in vielen anderen Symbolen wieder: Ring, Rad, Bogen, Kranz, Sonne, Mond, Planeten, Planetenbahnen ...

Da er ohne Anfang und Ende ist, symbolisiert der Kreis Unbegrenztheit und Ewigkeit. Seine Geschlossenheit drückt Ganzheitlichkeit und Universalität aus. Wegen seiner Vollkommenheit und Unendlichkeit ist der Kreis auch das Symbol alles Göttlichen, Himmlischen und Absoluten. Und da Gott Ursprung allen Lebens ist, Leben sich zudem als Kreislauf verstehen läßt, ist der Kreis auch hierfür Symbol.

Erhält der Kreis einen Mittelpunkt und werden Speichen eingezeichnet, entsteht das Rad. Räder drehen sich, sie bezeichnen Dynamik, Bewegung, Kreislauf, sie stehen für Werden und Vergehen, für Wiederholung, sind Symbol der Zeit. Mit Hilfe des Rades bewegt man sich fort, befreit sich vom Hier, der örtlichen Festlegung, hin in das Unbekannte, in die Zukunft. Die Kreisbewegung ist durch ein dauerndes Auf und Ab charakterisiert, wie das Leben selbst.

Als vollkommene Form schließt der Kreis alle guten Mächte in sich ein, er wehrt dem Eindringen des Bösen. So bieten Kreise Schutz gegen böse Geister, gegen Dämonen. Jeder Kreis hat einen Mittelpunkt, ein Zentrum. Wer im Kreis ist, kommt daher zu sich selbst, seinem Ich, findet – oder ist auf dem Weg dahin – zu seinem Mittelpunkt.

Der Gedanke ewig währender Dauer findet im Ring als Zeichen unverbrüchlicher Treue seinen Ausdruck. Ring bedeutet Band, Verbindung, Gemeinschaft, Zugehörigkeit. Die Trinität, vollkommenste Weise ewiger und intensivster Verbundenheit, wird u. a. durch drei sich überschneidende Ringe symbolisiert.

In der Bibel finden wir das Bild vom (Regen)bogen, den Jahwe zum Zeichen des Bundes mit Noah und seinen Nachkommen in die Wolken setzt (Gen 9,8-17). Im Zusammenhang mit Kriegswagen und anderen Gefährten ist häufig von Rädern die Rede. Der Thron Gottes ruht auf Rädern aus loderndem Feuer (Dan 7,9). Jak 3,6 bringt das Bild vom „Rad des Lebens". Ringe wurden als Schmuckgegenstände äußerst geschätzt und es gab sie schon zu biblischen Zeiten in einer großen Mannigfaltigkeit, was die Tatsache dokumentiert, daß das Hebräische hierfür fünf Worte kennt.

4.1. Erfahrungen mit Kreisen

Mit allen Sinnen erfahren

– Wir gehen durch unsere Zimmer, unser Haus, unsere Wohnung, die Umgebung, das Dorf, die Stadt ... und schauen uns genau um, wo begegnen wir kreisrunden Formen (Verkehrsschilder, Uhren, Reklamen, Kirchenfenster, Sonne ...).
– Wir machen einen Gang um eine Stadtmauer, eine Burgbefestigung, ein Schloß.
– Wir nehmen uns eine Baumscheibe und fahren ganz langsam mit den Fingern einem Jahresring nach.
– Mit Hulahupreifen und kleinen Spielringen erleben wir am eigenen Körper Ringe und was man damit alles machen kann.
– Wir gehen an ein stilles Wasser oder füllen eine Wanne mit Wasser und lassen einen Stein hinein fallen, beobachten die konzentrischen Kreise. Wir werfen zunächst gleichzeitig, dann nacheinander zwei, drei ... Steine hinein: beobachten, beschreiben, reden darüber.
– Wir besuchen ein Planetarium und erfahren Wissenswertes über Sterne und Planeten.
– Wir schauen uns eine Sonnenuhr an.

- Wir lassen uns das Uhrwerk einer mechanischen Kirchenuhr zeigen und erklären. Das Uhrwerk eines älteren Weckers sehen wir uns an, nehmen es – wenn möglich – auseinander.
- Wir sehen uns genau ein Rad an, zeichnen es, benennen die Einzelteile (Radkranz oder Felge, Speichen, Nabe, Achse).
- Auf eine Folie ist ein großer Kreis oder ein großes Rad gemalt. Jede/r Teilnehmer/in schreibt Begriffe hinein, die mit Kreis bzw. Rad zu tun haben: rund, unendlich, dreht sich um Mittelpunkt, Kreislauf, Vollkommenheit, Bewegung, Sonne, Planeten ...
- Mit der freien Hand, ohne Hilfsmittel, versuchen wir einen Kreis auf Papier zu malen. Dann suchen wir den Mittelpunkt zu bestimmen. Als Gruppenarbeit versuchen wir mit einem Seil auf dem Boden einen großen Kreis zu legen und den Mittelpunkt zu finden.

4.2. Experimente, Beobachtungen

Versuche

Mit einem Kreisel lassen sich die verschiedensten Versuche machen:
Rotiert er auf einem Brett, kann man ihn hochwerfen und wieder auffangen; so kann man sich Kreisel auch gegenseitig zuwerfen. Wir versuchen einen laufenden Kreisel umzukippen; er dreht sich weiter; beschreibt jetzt eine neue Figur; richtet sich mit der Zeit aber wieder auf. Das Umgekehrte passiert, wenn die Drehgeschwindigkeit abnimmt. Wir setzen den Kreisel gerade bzw. schief auf. Wir lassen den Kreisel auf einem Faden rotieren.

Sonnenuhr

Wir bauen uns eine Sonnenuhr und messen die Zeit:
Auf einem Holzbrett (30 x 30 cm) schlagen wir einen Halbkreis. In dessen Mittelpunkt bohren wir ein Loch und befestigen darin einen Stab. Das Brett wird nun an einen Ort gestellt, auf den tagsüber die Sonne scheint. Jede Stunde zeichnen wir die Schnittstelle von Kreis und Schatten ein.

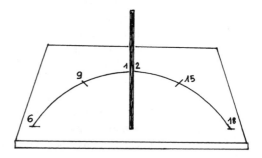

Mondbeobachtung   Einen Monat lang beobachten wir den Mond und erstellen dabei nach und nach eine Skizze über die einzelnen Mondphasen. An einem Modell – Lichtquelle als Sonne, großer Ball als Erde, darum kreisender kleiner Ball als Mond – machen wir uns die Mondphasen deutlich
(Bild und Erläuterungen zu den Mondphasen siehe: J. Herrmann, Meyers Großes Sternbuch für Kinder, Mannheim 1981, 42f; N. Golluch, B. Mönter, Das große Buch von Himmel und Erde, Ravensburg 1994, 14-18; Die Welt entdecken, Die Nacht, der Mond und die Sterne, Ravensburg 1997).

4.3. Kreatives Gestalten

Tageslauf   Auf eine Folie malen wir einen großen Kreis und teilen ihn in 24 Segmente. Die 24 Stunden des Tages tragen wir ein und schreiben in jedes Segment, was am vergangenen Tag geschah, was (fast) jeden Tag geschieht.

Jahreskreis   Entsprechend dem Tageslauf oder aber als Gemeinschaftsarbeit kann man auf einem großen Blatt die Feste des Jahres, Ferien, Geburtstage, wichtige Ereignisse eintragen.

Aufwendiger, aber immer wieder einsetzbar ist die Jahresperlenkette: 365 Perlen sind auf eine lange Schnur gezogen. Die Perlen für einen Monat haben jeweils die gleiche Farbe. Nun stellt man sich kleine Schildchen her, auf denen Monate, Festtage, Geburtstage, Ferien ... stehen. Die Kinder können diese Schildchen an die Perlenkette legen.

Regenbogen   In unterschiedlichen Techniken erstellen wir als Einzel- oder Gemeinschaftsarbeit einen Regenbogen (mit Plaka-, Wasserfarben, als Reißarbeit, Collage ...).

Lebenskreise   Mit dunklen und hellen Wollfäden, die angefeuchtet werden, legen wir auf Teppichboden unsere Lebenskreise. Dunkle Fäden und Punkte weisen auf schwarze, schwierige Phasen und Erfahrungen hin, helle auf gute.

Rosette   Ein Blatt Papier falten wir doppelt, vierfach, achtfach. Jeweils machen wir Einschnitte unterschiedlicher Form. öffnen wir das Blatt, ist eine Rosette entstanden. Wir können diese nun auf Buntpapier kleben oder mit verschiedenfarbigem Transparentpapier von hinten bekleben.

Kreisbild   In unterschiedlichen Techniken erstellen wir ein Bild, das nur aus verschieden großen und verschiedenfarbigen Kreisen besteht.

Räderbild   Wir benötigen viele verschiedene kleine Rädchen (Dichtungen, Rädchen aus Uhren, Instrumenten ...) Mit Leim oder kleinen Nägeln befestigen wir sie auf einem Holzbrett.

II. Teil: Praktische Umsetzung

Collage   Wir schneiden Bilder aus, auf denen Räder, Ringe, Kreise dargestellt sind und kleben eine Collage.

Geräusche   Mit der Stimme imitieren wir Geräusche von Zug, Auto, Motorrad ...; zugleich können wir dabei charakteristische Bewegungen machen.

Mandala   Begleitet von ruhiger Musik, malen wir ein Mandala aus. Etwas schwieriger, aber lohnenswert: Wir zeichnen, konstruieren mit Zirkel selber ein Mandala und malen es dann aus.
(vgl. G. u. R. Maschwitz, Aus der Mitte malen – heilsame Mandalas München 1996)

Windrad aus Federn   Material: Holzlatte, Korken, Nagel, 2 Perlen, Hühner- und Vogelfedern.

Herstellung: Einen Korken so durchbohren, daß er sich leicht um einen Nagel dreht; Rundum etwa 6 Löcher in den Korken vorstechen und 6 etwa gleich große Federn in derselben Schrägstellung einstecken; auf den Nagel eine Perle, den Korken und wieder eine Perle aufstecken und den Nagel in die Latte einschlagen; im Herbstwind die Schrägstellung der Federn korrigieren.

Aus: Bausteine Kindergarten, Heft 3/84, © Bergmoser + Höller Verlag, Aachen

4.4. Wissenswertes

Sonne   Die Sonne ist eine Gaskugel mit einem Durchmesser von rund 1,4 Mio. km. Die Erde und der sich um sie drehende Mond hätten in der Sonne genügend Platz. Der Umfang der Sonne beträgt rund 4,4 Mio. km, der der Erde 40 000 km. Im Zentrum der Sonne herrscht eine Temperatur von 15 Mio. Grad, auf der Oberfläche immer noch 6000 Grad.

Mond   Mit rund 385 000 km ist der Mond der nächste Himmelskörper. Er umkreist die Erde in gut 27 Tagen. Der Mond hat einen Durchmesser von rund 3500 km und einen Umfang von 10 000 km.

Planeten   Neun Planeten kreisen um die Sonne:

Merkur: 4900 km Durchmesser, Umlaufzeit um die Sonne 88 Tage, mittlere Entfernung von der Sonne 58 Mio. km;
Venus: 12 000 km Durchmesser, Umlaufzeit 225 Tage, Entfernung 108 Mio. km;
Erde: 12 756 km Durchmesser, Umlaufzeit 365 Tage, Entfernung 150 Mio. km;
Mars: 6800 km Durchmesser, Umlaufzeit 687 Tage, Entfernung 228 Mio. km;

Jupiter: 142 000 km Durchmesser, Umlaufzeit 12 Jahre,
Entfernung 778 Mio. km;
Saturn: 120 000 km Durchmesser, Umlaufzeit 29 Jahre,
Entfernung 1427 Mio. km;
Uranus: 508 000 km Durchmesser, Umlaufzeit 84 Jahre,
Entfernung 2870 Mio. km;
Neptun: 49 000 km Durchmesser, Umlaufzeit 165 Jahre,
Entfernung 4496 Mio. km;
Pluto: 2700 km Durchmesser, Umlaufzeit 248 Jahre,
Entfernung 5946 Mio. km.

Vergleiche   Wie kann man sich nun solche riesigen Strecken und Größenverhältnisse vorstellen? Dabei hilft uns ein Vergleich mit einem stark verkleinerndem Maßstab. Man wählt einen größeren Platz und denkt sich in dessen Mitte die Sonne von der Größe einer Kirsche. Die Erde, im Verhältnis nur noch ein Zehntel Millimeter groß, würde sich in etwa eineinhalb Meter Abstand von der Kirsche befinden. Sie würde in einem Abstand von 2 Millimetern vom Mond, im Verhältnis nur noch ein winziges Sandkörnchen, umkreist. Innerhalb der gedachten Erdbahn um die Sonne wären Merkur und Venus ebenfalls nur mit einer starken Lupe als Staubkörnchen zu entdecken. Weiter außen würden zunächst Mars und in etwa fünf Metern Abstand von der Sonne Jupiter folgen. Dieser wäre als größter Planet von allen in unserem Vergleich immerhin etwas mehr als einen Millimeter groß. In zehn Meter Abstand von der Sonne müßte Saturn stehen, noch weiter außen wären Uranus und Neptun anzusiedeln. Pluto, den äußersten Planeten unseres Sonnensystems, müßte man sich in 60 Meter Abstand vom Zentrum als Staubflöckchen, noch winziger als die Erde, vorstellen.

Ein anderer Vergleich für die riesigen Entfernungen in unserem Sonnensystem: Ein Fahrzeug, das 100 Kilometer in der Stunde zurücklegt, bräuchte ein halbes Jahr, um den Mond zu erreichen, für die Strecke zur Sonne benötigte es 200 Jahre. Den Planeten Pluto hätte dieses Fahrzeug erst in 8000 Jahren erreicht.

Die beiden Planeten, die der Sonne näher stehen als die Erde, bewegen sich schneller um die Sonne und ihre Umlaufbahnen sind kürzer. In der Zeit, in der Merkur die Sonne mehr als viermal umrundet, schafft es die Erde nur einmal. Mehr als 248 Jahre dagegen benötigt Pluto für einen Sonnenumlauf. Er hat als äußerster Planet die längste Umlaufzeit und bewegt sich am langsamsten. Ist Pluto ein einziges Mal um die Sonne gelaufen, hat Merkur schon rund tausend Umläufe hinter sich. (Aus: Meyers großes Sternbuch für Kinder, Bibliographisches Institut, Mannheim 1981. Vgl. auch:

J. Herrmann, Welcher Stern ist das?, Stuttgart [25]1997; Was ist was, Bd. 16, Planeten und Raumfahrt, Nürnberg 1990; H. Couper, N. Henbest, Das Weltall, Darmstadt 1994; N. Golluch, B. Mönter, Das große Buch von Himmel und Erde, Ravensburg 1994)

Planetenbahnen spielen

Das Kreisen der Planeten können wir auch spielen: Ein großer Ball ist die Sonne. Vier Teilnehmer/innen als Merkur, Venus, Erde, Mars stellen sich nebeneinander. Der Mars geht ganz langsam einmal um die Sonne. In der gleichen Zeit umrundet sie die Erde zweimal, die Venus dreimal, der Merkur acht Mal.

Die Mitte der Welt

Wo die Mitte der Stadt sein sollte, wurde eine runde Grube ausgehoben und mit Erntegaben gefüllt. Dann brachte jeder eine Handvoll Erde aus dem Lande, aus dem er gekommen war. Diese Grube hatte denselben Namen wie das Weltall: mundus. Bei anderen Völkern hieß sie „Nabel der Erde".

In die Grube wurde ein Baumstamm gerammt; er hieß „Pfeiler des Himmels". Daran band man eine Schnur aus Tierfellen. An dieser Schnur war am anderen Ende ein hölzerner Pflug befestigt. Der Stadtgründer schritt nach Osten, wo die Sonne sich über die Erde erhob, bespannte den Pflug mit einem Stier und einer Kuh und umschrieb nun mit dem Pflug einen großen Kreis um die Welt-Grube. Nur dort, wo die Tore entstehen sollten, hob er den Pflug: Das war zu allen vier Himmelsrichtungen, im Osten, im Süden, im Westen, im Norden. Der Grundriß des Himmels war nun auf die Erde gezeichnet als Grundriß der künftigen Stadt.

Für die Menschen war es immer wichtig, „in der Mitte" zu sein. Sie errichteten ihre Heiligtümer am „Nabel der Erde". Der große Steinring von Stonehenge in England (siehe S. 77) ist ein solches Heiligtum. Es umschreibt den Erdkreis und ist gleichzeitig eine große Uhr, die schon vor 4000 Jahren die Sonnenwenden anzeigte.

Am Nabel der Welt waren auch die Pilger aus vielen Völkern, wenn sie zum Heiligtum nach Delphi in Griechenland kamen (siehe S. 77), ähnlich verehren die Moslems die Kaaba in ihrer heiligen Stadt Mekka (siehe S. 77) als Mittelpunkt der Welt.

Um das Jahr 1000 erbauten die Wikinger auf der Insel Seeland bei Trelleborg einen kreisrunden Lagerwall, den die Weltachsen teilen. Auch dieser Ort war für sie ein Abbild der Welt.

Aus: Hubertus Halbfas (Hrsg.), Religionsbuch für das dritte Schuljahr, Patmos Verlag, Düsseldorf 1985

II. Teil: Praktische Umsetzung

Rechte: Tony Stone, München. Delphi (Robert Everts), Kaaba (Naheel Turner), Stonehenge (Graham Finlayson)

II. Teil: Praktische Umsetzung

4.5. Tänze

Zieh den Kreis nicht zu klein

Text: Heinz Georg Surmund; Musik: Ludger Edelkötter, aus: Weitersagen (IMP 1006). © Impulse Musikverlag Ludger Edelkötter, 48317 Drensteinfurt

1. Strophe	Text:	„Wenn du tanzt, tanz nicht allein …"
	Bewegung:	Hände in Hüfte halten, auf der Stelle, jeder für sich kreisen;
	Bedeutung:	Einsamkeit, Absonderung
	Text:	„steck andre an, Tanzen kann Kreise ziehn"
	Bewegung:	Die Gruppe bildet jeweils Paare, die sich an den Händen fassen und links herum kreisen.
	Bedeutung:	Zuwendung zum anderen
	Wiederholung bis:	„tanz andren zu"; dann zum Refrain formieren
2. Strophe	Text:	„Wenn du singst, sing nicht allein …"
	Bewegung:	Jeder einzelne wendet dem Kreismittelpunkt seinen Rücken zu
	Bedeutung:	Niemand sieht den anderen; Distanz zum Nächsten, jeder handelt für sich, obwohl das Lied zum gemeinsamen Gesang einlädt.
	Text:	„steck andre an, singen kann Kreise ziehn"
	Bewegung:	Wieder zum Kreismittelpunkt zurückdrehen und mit Händen und Armen werbende, den anderen zu sich heranziehende Bewegungen ausführen.

	Bedeutung:	Aufeinander eingehen, Anschluß suchen, Bereitschaft zum gemeinsamen Tun
	Wiederholung bis:	„steck andre an", Refrain
3. Strophe	Text:	„Wenn du sprichst, sprich nicht allein"
	Bewegung:	Leichter Ausfallschritt zur Seite; rechtes Bein gewinkelt hin zum Kreismittelpunkt; linkes Bein gestreckt nach außen, eine abwehrende Bewegung mit Händen und Armen und eine von den anderen abgewandte Kopfhaltung unterstützen die Ausfallschrittbewegung.
	Bedeutung:	Jeder agiert für sich, wehrt die anderen ab, Kommunikation ist unmöglich.
	Text:	„steck andre an, Sprechen kann Kreise ziehn"
	Bewegung:	Alle breiten die Arme aus, bilden den großen Kreis und drehen rechts herum.
	Bedeutung:	Hinwendung, Entgegenkommen gegenüber dem Nächsten
	Wiederholung bis:	„sprich nicht für dich, sprich andre an"; Refrain
4. Strophe	Text:	„Wenn du hörst, hör nicht allein ..."
	Bewegung:	Kopf, Hände, Arme und Rumpf gespannt und weit nach oben strecken.
	Bedeutung:	Jeder hört angestrengt zu, aber in eine Richtung, aus der er die Worte des Nachbarn nicht aufnehmen kann; um die Botschaft von oben (von Gott) zu verstehen, muß auch das Miteinander der Menschen gewährleistet sein.
	Text:	„steck andre an, Hören kann Kreise ziehn"
	Bewegung:	$1/2$ Armkreis rechts zum rechten Nachbarn und anschließend gemeinsame Kreisfassung mir Drehen rechts herum.
	Bedeutung:	Wenn wir mehr aufeinander hören, geht es friedfertiger zu.
	Wiederholung bis:	„hör nicht für dich, hör für mich mit"; Refrain
5. Strophe	Text:	„Wenn du weinst, wein nicht allein ..."
	Bewegung:	Tiefe Hockstellung einnehmen; Arme vor dem Körper kreuzen und den Kopf hinein betten.

II. Teil: Praktische Umsetzung

Bedeutung:	Trauer, Angst, Sorgen
Text:	„steck andre an, Weinen soll Kreise ziehn"
Bewegung:	Armkreis mit beiden Armen zum rechten und linken Nachbarn hin, der in der gemeinsamen Kreisfassung endet; Kreis dreht rechts herum.
Bedeutung:	Leid und Not andrer werden ignoriert; persönliche Angst, die Gemeinschaft an den eigenen Sorgen und Nöten teilnehmen zu lassen bzw. Beistand anzunehmen
Wiederholung bis:	„wein nicht für dich, schließ dich nicht ein"; Refrain Erneut die erste Strophe und den Refrain als Abschluß, so daß die erste und letzte Strophe die anderen gleichsam einrahmen.

Aus: Raphaele Voss, Tanz in der Liturgie, Verlag Herder, Freiburg [4]1991

Vom Aufgang der Sonne

Die Ausgangsposition der Tanzenden ist beliebig.

„Vom Aufgang der Sonne bis zu ihrem Niedergang"
Alle stehen in gebückter Haltung, beide Arme sind an der linken Seite gestreckt neben den Beinen. Es wird mit den Armen ein weiter Kreis über den Kopf – die Tanzenden richten sich dabei auf – bis zur rechten Seite neben den Beinen beschrieben, wobei dann wieder eine gebückte Haltung eingenommen wird.

"sei gelobet der Name des Herrn"
Sich aufrichten und die Arme langsam nach oben heben.

"sei gelobet der Name des Herrn"
Langsam um sich selbst drehen und die Arme dabei nach oben gestreckt lassen.

Aus: Waltraud Schneider, Getanztes Gebet, Verlag Herder, Freiburg ⁴1991

4.6. Lieder

– Ins Wasser fällt ein Stein (siehe S. 64)
– Kleiner Kreisel du, Spiellied (A. Rosenstengel, Musizieren mit Kleinkindern, Weinheim 1971, 22)
– Ringlein, Ringlein, du mußt wandern, Spiellied (ebd., 41)
– Es geht eine Zipfelmütz, Spiellied (ebd., 44)
– Seht, ein großer Regenbogen (R. Hetzner, W. Menschick, Seht, ein großer Regenbogen, München 1975, 33)
– Gottes Liebe ist wie die Sonne (G. Rosewich, singt mit – spielt mit 2, Lahr 1975, 16)

Wir gehen rundherum im Kreis

Wir gehen rund herum im Kreis, und alle gehen mit.
Du gehst mit,
und du gehst mit,
und du gehst mit,
und du gehst mit.
Wir gehen rund herum im Kreis, und alle gehen mit

Wir geben uns die Hände nun, und alle machen mit.
Du machst mit ...

Wir gehen alle rechts herum, und alle gehen mit.
Du gehst mit ...

Wir gehen alle links herum, und alle gehen mit.
Du gehst mit ...

Wir laufen rundherum im Kreis, und alle laufen mit.
Du läufst mit ...

Wir laufen alle rechts herum, und alle laufen mit.
Du läufst mit ...

Wir laufen alle links herum, und alle laufen mit.
Du läufst mit ...

Wir hoppeln alle rechts herum, und alle hoppeln mit.
Du machst mit ...

Wir hoppeln alle links herum, und alle hoppeln mit.
Du machst mit ...

Wir galoppieren rechts herum, und alle machen mit.
Du machst mit ...

Wir galoppieren links herum, und alle machen mit.
Du machst mit ...

Wir schleichen alle rechts herum, und alle schleichen mit.
Du schleichst mit ...

Wir schleichen alle links herum, und alle schleichen mit.
Du schleichst mit ...

Wir gehen aufeinander zu, und alle gehen mit.
Du gehst mit ...

Wir klatschen in die Hände dann, und alle klatschen mit.
Du klatschst mit ...

Wir gehen in den Kreis zurück, und alle gehen mit.
Du gehst mit ...

Wir gehen rundherum im Kreis, und alle gehen mit.
Du gehst mit ...

T: Rolf Krenzer, M: Inge Lotz, aus: R. Krenzer, I. Lotz, Wir sind die Musikanten,
© Verlag Ernst Kaufmann, Lahr und Kösel Verlag, München 1979, 32f

Ein bunter Regenbogen

1. Ein bun-ter Re-gen-bo-gen ist ü-bers Land ge-zo-gen. Die Son-ne scheint aufs Gras, das noch vom Re-gen naß.

2. Ein bunter Regenbogen
ist übers Land gezogen.
Und alle bleiben stehn,
um ihn sich anzusehn.

3. Ein bunter Regenbogen
ist übers Land gezogen,
damit ihr's alle wißt,
daß Gott uns nicht vergißt.

T: Rolf Krenzer, M. Peter Janssen, aus: Kommt alle und seid froh, Telgte 1982,
© Peter Janssens Musik Verlag, Telgte-Westfalen

Der Regenbogen

Refrain:
Den Bogen ...

2. Leben ist heilig, heilig die Kraft,
die Menschen, Tiere und Pflanzen erschafft.

3. Leben ist heilig, heilig der Geist,
der Saat und Ernte der Erde verheißt.

T: Eckard Bücken, M: Hans Jürgen Hufeisen, © bei den Autoren

4.7. Spiele

Grundsätzlich bieten sich alle Kreis- und Ballspiele an.

Arabisches Ballabschießen

Das Spiel ist ähnlich dem Völkerball. Anzahl der SpielerInnen: 2 Gruppen zu je mindestens 5 Personen; Spielmaterial: ein Ball. Zunächst wird durch das Werfen einer Münze bestimmt, welche Gruppe mit dem Abschießen beginnen darf. Dann stellen sich beide Gruppen einander gegenüber auf und zwar im Abstand von zirka 5 Metern. Die Abstände zwischen den einzelnen SpielerInnen können je nach Übereinkunft groß oder klein gehalten werden. Die SpielerInnen dürfen den Platz nicht verlassen. Ein/e Spieler/in der Gruppe 1 versucht nun, mit dem Ball eine/n Spieler/in der Gruppe 2 abzuschießen. Sie/er hat insgesamt drei Würfe, gleichgültig ob er trifft oder danebenschießt.

Gelingt es der/dem „angeschossenen" Spieler/in der Gegenpartei den Ball zu fangen, so tritt Ballverlust ein. Gruppe 2 darf nun einen Werfer bestimmen, der ebenfalls dreimal werfen darf. Abgeschossene SpielerInnen (die den Ball nicht fangen konnten) müssen ihre Mannschaft verlassen. Gewonnen hat natürlich jene Partei, von der zuletzt noch jemand übrigbleibt.

Rechte: Hannelore Bürstmayr, Enzersdorf

Kugelspiel

Anzahl der SpielerInnen: mindestens 2; Spielmaterial: 8 Kugeln oder kugelförmige Früchte, für jede/n Spieler/in eine weitere Kugel.

Sieben Kugeln werden kreisförmig aufgelegt. In den Kreismittelpunkt legt man die achte Kugel.

Jede/r versucht nun, aus einer vorher festgelegten Entfernung seine Kugel durch den Kreis zu rollen, ohne eine der aufgelegten zu berühren. Wer es nicht schafft, scheidet aus.

Für die nächsten Durchgänge denkt man sich Erschwernisse aus, z. B. Entfernung vergrößern, Augen verbinden, einen gewissen Anlauf nehmen, sich umdrehen und die Kugel zwischen den Beinen durchrollen usw.

Rechte: Hannelore Bürstmayr, Enzersdorf

Kreiskrabbeln

Auf dem Boden legen wir gemeinsam mit Seilen einen Kreis oder malen ihn mit Kreide. Im Kreis krabbelt nun jede/r Teilnehmer/in auf dem Bauch, rutscht auf dem Hinterteil oder den Knien auf die gegenüberliegende Seite. Dabei darf niemand berührt werden; das gleiche kann mit verbundenen Augen gemacht werden.

4.8. Meditation

Gehen auf der Linie

Diese Übung stammt aus der Montessoripädagogik.

Wir sitzen im Stuhlkreis, die Leiterin, der Leiter hat eine Kordel zusammengeknotet, so daß, legen wir sie auf den Boden, ein Kreis oder ein Oval entsteht.

Bei ruhiger Musik gehen nun drei bis vier Personen Schritt für Schritt an der Kordel entlang und umrunden so einigemale den Kreis. Wer den Eindruck hat, lange genug gegangen zu sein, setzt sich und aus dem Stuhlkreis kommen andere Personen zum langsamen Gehen.

Neben den Kreis kann man eine brennende Kerze, ein Glas bis zum Rand gefüllt mit Wasser, eine Glocke legen. Wer nun im Kreis geht, nimmt sich z.B. das Glas und trägt es so, daß möglichst kein Wasser überschwappt; wer die Glocke trägt, sollte keinen Ton erzeugen; die Kerze sollte nicht ausgehen.

Die Übung ist sowohl für die Gehenden als auch die Zuschauenden beruhigend, meditativ.

4.9. Texte

Und wer fährt vorn?

Gedichte

Es fahren auf dem Karussell
ein Schimmel mit getupftem Fell,
ein Riesenschwan mit blauem Band,
ein Hirsch, ein Bär, ein Elefant,
auch ein Delphin, ein Dromedar,
ein rabenschwarzes Pudelpaar,
ein Fabeltier mit goldenem Horn –
und wer von allen fährt ganz vorn?
Wer hat den ersten, zweiten, dritten,
den letzten Platz? Und wer fährt mitten
in dieser bunten Reihe, wer?
Ist es vielleicht der Hirsch, der Bär,
der Riesenschwan mit blauem Band,
aus Afrika der Elefant?
Ist's der Delphin, das Dromedar,
das rabenschwarze Pudelpaar, der Schimmel mit getupftem Fell –
wer führt es an, das Karussell?

Wer weiß die Antwort? Nur herbei!
Für solche ist der Eintritt frei
Hans Baumann

Aus: Hans-Joachim Gelberg (Hrsg.), Wie man Berge versetzt, 1981 Beltz Verlag, Weinheim und Basel, Programm Beltz & Gelberg, Weinheim

Mein Ball

Mein Ball
zeigt, was er kann,
hüpft
   hoch wie ein Mann,
dann
      hoch wie eine Kuh,
dann
         hoch wie ein Kalb,
dann
           hoch wie eine Maus,
dann
              hoch wie eine Laus,
dann
ruht er sich aus.
                  J. Guggenmos

Josef Guggenmos, Ich will dir was verraten. Beltz & Gelberg, Weinheim 1992

Das Gedicht eignet sich zum Spielen: Man kann, begleitet vom Sprechen des Textes, den Ball entsprechend hüpfen lassen. Oder das Gedicht malen; Text wie oben auf ein großes Blatt Papier schreiben. Kinder können nun in den entsprechenden Höhen Bälle malen.

Biblischer Text

Gottes Bund mit Noach (Gen 9,8-17)
Der Bundesgedanke ist ein zentrales Thema der Bibel. Daher könnte man im Zusammenhang mit dem Noah-Bund auf den Abraham-Bund (Gen 15,18-20; 17,1-14) und den Sinai-Bund (Ex 19,1-9; 20,1-21; 24,1-18) eingehen.

Märchen

Brüder Grimm, Kinder- und Hausmärchen:
– Der Froschkönig oder der eiserne Heinrich (1)
– Rumpelstilzchen (55)
– Die drei Federn (63)
– Die zwölf Jäger (67)
– Jorinde und Joringel (69)
– Der König vom goldenen Berg (92)
– Der Königssohn, der sich vor nichts fürchtete (121)

Der Bärenhäuter

Es war einmal ein junger Kerl, der ließ sich als Soldat anwerben, hielt sich tapfer und war immer der vorderste, wenn es blaue Bohnen regnete. Solange der Krieg dauerte, ging alles gut, aber als Friede geschlossen war, erhielt er seinen Abschied, und der Hauptmann sagte, er könnte gehen, wohin er wollte. Seine Eltern waren tot, und er hatte keine Heimat mehr, da ging er zu seinen Brüdern und bat, sie möchten ihm so lange Unterhalt geben, bis der Krieg wieder anfinge. Die Brüder aber waren hartherzig und sagten: „Was sollen wir mit dir? Wir können dich nicht brauchen, sieh zu, wie du dich durchschlägst." Der Soldat hatte nichts übrig als sein Gewehr, das nahm er auf die Schulter und wollte in die Welt gehen. Er kam auf eine große Heide, auf der nichts zu sehen war als ein Ring von Bäumen; darunter setzte er sich ganz traurig nieder und sann über sein Schicksal nach. „Ich habe kein Geld", dachte er, „ich habe nichts gelernt als das Kriegshandwerk, und jetzt, weil Friede geschlossen ist, brauchen sie mich nicht mehr; ich sehe voraus, ich muß verhungern." Auf einmal hörte er ein Brausen, und wie er sich umblickte, stand ein unbekannter Mann vor ihm, der einen grünen Rock trug, recht stattlich aussah, aber einen garstigen Pferdefuß hatte. „Ich weiß schon, was dir fehlt", sagte der Mann, „Geld und Gut sollst du haben, soviel du mit aller Gewalt durchbringen kannst, aber ich muß zuvor wissen, ob du dich nicht fürchtest, damit ich mein Geld nicht umsonst ausgebe." „Ein Soldat und Furcht, wie paßt das zusammen?" antwortete er, „du kannst mich auf die Probe stellen." „Wohlan", antwortete der Mann, „schau hinter dich." Der Soldat kehrte sich um und sah einen großen Bär, der brummend auf ihn zutrabte. „Oho", rief der Soldat, „dich will ich an der Nase kitzeln, daß dir die Lust zum Brummen vergehen soll", legte an und schoß den Bär auf die Schnauze, daß er zusammenfiel und sich nicht mehr regte. „Ich sehe wohl", sagte der Fremde, „daß dir's an Mut nicht fehlt, aber es ist noch eine Bedingung dabei, die mußt du erfüllen." „Wenn mir's an meiner Seligkeit nicht schadet", antwortete der Soldat, der wohl merkte, wen er vor sich hatte, „sonst laß ich mich auf nichts ein." „Das wirst du selber sehen", antwortete der Grünrock, „du darfst in den nächsten sieben Jahren dich nicht waschen, dir Bart und Haare nicht kämmen, die Nägel nicht schneiden und kein Vaterunser beten. Dann will ich dir einen Rock und Mantel geben, den mußt du in dieser Zeit tragen. Stirbst du in diesen sieben Jahren, so bist du mein, bleibst du aber leben, so bist du frei und bist reich dazu für dein Lebtag." Der Soldat dachte an die große

Not, in der er sich befand, und da er so oft in den Tod gegangen war, wollte er es auch jetzt wagen und willigte ein. Der Teufel zog den grünen Rock aus, reichte ihn dem Soldaten hin und sagte: „Wenn du den Rock an deinem Leibe hast und in die Tasche greifst, so wirst du die Hand immer voll Geld haben." Dann zog er dem Bären die Haut ab und sagte: „Das soll dein Mantel sein und auch dein Bett, denn darauf mußt du schlafen und darfst in kein anderes Bett kommen. Und dieser Tracht wegen sollst du Bärenhäuter heißen." Hierauf verschwand der Teufel.

Der Soldat zog den Rock an, griff gleich in die Tasche und fand, daß die Sache ihre Richtigkeit hatte. Dann hing er die Bärenhaut um, ging in die Welt, war guter Dinge und unterließ nichts, was ihm wohl und dem Gelde wehe tat. Im ersten Jahr ging es noch leidlich, aber in dem zweiten sah er schon aus wie ein Ungeheuer. Das Haar bedeckte ihm fast das ganze Gesicht, sein Bart glich einem Stück grobem Filztuch, seine Finger hatten Krallen, und sein Gesicht war so mit Schmutz bedeckt, daß wenn man Kresse hineingesät hätte, sie aufgegangen wäre. Wer ihn sah, lief fort, weil er aber allerorten den Armen Geld gab, damit sie für ihn beteten, daß er in den sieben Jahren nicht stürbe, und weil er alles gut bezahlte, so erhielt er doch immer noch Herberge. Im vierten Jahr kam er in ein Wirtshaus, da wollte ihn der Wirt nicht aufnehmen und wollte ihm nicht einmal einen Platz im Stall anweisen, weil er fürchtete, seine Pferde würden scheu werden. Doch als der Bärenhäuter in die Tasche griff und eine Handvoll Dukaten herausholte, so ließ der Wirt sich erweichen und gab ihm eine Stube im Hintergebäude; doch mußte er versprechen, sich nicht sehen zu lassen, damit sein Haus nicht in bösen Ruf käme. Als der Bärenhäuter abends allein saß und von Herzen wünschte, daß die sieben Jahre herum wären, so hörte er in einem Nebenzimmer ein lautes Jammern. Er hatte ein mitleidiges Herz, öffnete die Türe und erblickte einen alten Mann, der heftig weinte und die Hände über dem Kopf zusammenschlug. Der Bärenhäuter trat näher, aber der Mann sprang auf und wollte entfliehen. Endlich, als er eine menschliche Stimme vernahm, ließ er sich bewegen, und durch freundliches Zureden brachte es der Bärenhäuter dahin, daß er ihm die Ursache seines Kummers offenbarte. Sein vermögen war nach und nach geschwunden, er und seine Töchter mußten darben, und er war so arm, daß er den Wirt nicht einmal bezahlen konnte und ins Gefängnis sollte gesetzt werden. „Wenn Ihr weiter keine Sorgen habt", sagte der Bärenhäuter, „Geld habe ich genug". Er ließ den Wirt herbeikommen, bezahlte ihn und steckte dem Unglücklichen noch einen Beutel voll Gold in die Tasche.

Als der alte Mann sich aus seinen Sorgen erlöst sah, wußte er nicht, womit er sich dankbar beweisen sollte. „Komm mit mir", sprach er zu ihm, „meine Töchter sind Wunder von Schönheit, wähle dir eine davon zur Frau. Wenn sie hört, was du für mich getan hast, so wird sie sich nicht weigern. Du siehst freilich ein wenig seltsam aus, aber sie wird dich schon wieder in Ordnung bringen." Dem Bärenhäuter gefiel das wohl, und er ging mit. Als ihn die älteste erblickte, entsetzte sie sich so gewaltig vor seinem Antlitz, daß sie aufschrie und fortlief. Die zweite blieb zwar stehen und betrachtete ihn, von Kopf bis zu den Füßen, dann aber sprach sie. „Wie kann ich einen Mann nehmen, der keine menschliche Gestalt mehr hat? Da gefiel mir der rasierte Bär noch besser, der einmal hier zu sehen war und sich für einen Menschen ausgab, der hatte doch einen Husarenpelz an und weiße Handschuhe. Wenn er nur häßlich wäre, so könnte ich mich an ihn gewöhnen." Die jüngste aber sprach: „Lieber Vater, das muß ein guter Mann sein, der Euch aus der Not geholfen hat, habt Ihr ihm dafür eine Braut versprochen, so muß Euer Wort gehalten werden." Es war schade, daß das Gesicht des Bärenhäuters von Schmutz und Haaren bedeckt war, sonst hätte man sehen können, wie ihm das Herz im Leibe lachte als er diese Worte hörte. Er nahm einen Ring von seinem Finger, brach ihn entzwei und gab ihr die eine Hälfte, die andere behielt er für sich. In ihre Hälfte aber schrieb er seinen Namen, und in seine Hälfte schrieb er ihren Namen und bat sie, ihr Stück gut aufzuheben. Hierauf nahm er Abschied und sprach: „Ich muß noch drei Jahre wandern. Komm ich aber nicht wieder, so bist du frei, weil ich dann tot bin. Bitte aber Gott, daß er mir das Leben erhält."

Die arme Braut kleidete sich ganz schwarz, und wenn sie an ihren Bräutigam dachte, so kamen ihr die Tränen in die Augen. Von ihren Schwestern ward ihr nichts als Hohn und Spott zuteil. „Nimm dich in acht", sagte die älteste, „wenn du ihm die Hand reichst, so schlägt er dir mit der Tatze darauf." „Hüte dich", sagte die zweite, „die Bären lieben die Süßigkeit, und wenn du ihm gefällst, so frißt er dich auf." „Du mußt nur immer seinen Willen tun", hub die älteste wieder an, „sonst fängt er an zu brummen." Und die zweite fuhr fort: „Aber die Hochzeit wird lustig sein, Bären, die tanzen gut." Die Braut schwieg still und ließ sich nicht irremachen. Der Bärenhäuter aber zog in der Welt herum, von einem Ort zum andern, tat Gutes, wo er konnte, und gab den Armen reichlich, damit sie für ihn beteten. Endlich, als der letzte Tag von den sieben Jahren anbrach, ging er wieder hinaus auf die Heide und setzte sich unter den Ring von Bäumen. Nicht lange, so sauste der Wind, und der Teufel stand vor ihm und blickte ihn verdrießlich an; dann warf er ihm den alten Rock hin und verlangte seinen grünen zurück. „So weit sind wir noch nicht", antwortete der Bärenhäuter, „erst sollst du mich reinigen." Der Teufel mochte wollen oder nicht, er mußte Wasser holen, den Bärenhäuter abwaschen, ihm die Haare kämmen und die Nägel schneiden. Hierauf sah er wie ein tapferer Kriegsmann aus und war viel schöner als je vorher.

Als der Teufel glücklich abgezogen war, so war es dem Bärenhäuter ganz leicht ums Herz. Er ging in die Stadt, tat einen prächtigen Sammetrock an, setzte sich in einen Wagen, mit vier Schimmeln bespannt, und fuhr zu dem Haus seiner Braut. Niemand erkannte ihn, der Vater hielt ihn für einen vornehmen Feldobrist und führte ihn in das Zimmer, wo seine Töchter saßen. Er mußte sich zwischen den beiden ältesten niederlassen; sie schenkten ihm Wein ein, legten ihm die besten Bissen vor und meinten, sie hätten keinen schöneren Mann auf der Welt gesehen. Die Braut aber saß in schwarzem Kleide ihm gegenüber, schlug die Augen nicht auf und sprach kein Wort. Als er endlich den Vater fragte, ob er ihm eine seiner Töchter zur Frau geben wollte, so sprangen die beiden ältesten auf, liefen in ihre Kammer und wollten prächtige Kleider anziehen, denn eine jede bildete sich ein, sie wäre die Auserwählte. Der Fremde, sobald er mit seiner Braut allein war, holte den halben Ring hervor und warf ihn in einen Becher mit Wein, den er ihr über den Tisch reichte. Sie nahm ihn an, aber als sie getrunken hatte und den halben Ring auf dem Grund liegen fand, so schlug ihr das Herz. Sie holte die andere Hälfte, die sie an einem Band um den Hals trug, hielt sie daran, und es zeigte sich, daß beide Teile vollkommen zueinander paßten. Da sprach er: „Ich bin dein verlobter Bräutigam, den du als Bärenhäuter gesehen hast, aber durch Gottes Gnade habe ich meine menschliche Gestalt wieder erhalten und bin wieder rein geworden." Er ging auf sie zu, umarmte sie und gab ihr einen Kuß. Indem kamen die beiden Schwestern in vollem Putz herein, und als sie sahen, daß der schöne Mann der jüngsten zuteil geworden war und hörten, daß das der Bärenhäuter war, liefen sie voll Zorn und Wut hinaus; die eine ersäufte sich im Brunnen, die andere erhängte sich an einem Baum. Am Abend klopfte jemand an der Türe, und als der Bräutigam öffnete, so war's der Teufel im grünen Rock, der sprach: „Siehst du, nun habe ich zwei Seelen für deine eine."

Aus: Brüder Grimm, Kinder- und Hausmärchen

Es lohnt sich, dieses Märchen exemplarisch intensiver zu behandeln. Einzelne Motive lassen sich erarbeiten und man kann versuchen, andere Märchen zu finden, in denen gleichfalls diese Motive vorkommen.

Der Ring hat im Märchen vom Bärenhäuter immer wieder symbolische Bedeutung: Im Ring von Bäumen wird er sich seiner Situation bewußt und kommt zu sich selbst; als Zeichen der Zusammengehörigkeit wird ein Ring zerbrochen und wieder zusammengefügt (vgl. ursprüngliche Bedeutung von Symbol); im Ring der Bäume wird er erlöst. Weitere typische Motive sind u. a.: verkehrte Welt (im Krieg geht's gut, im Frieden schlecht); die nächsten Verwandten sind hartherzig) große Armut und Hilflosigkeit; Auftreten eines Geistwesens (Teufel), ohne daß dies verwundert; Angebot von Reichtum; Kampf um eine Menschenseele; Prüfungen; 7 Jahre; große Hilfsbereitschaft; 3 Töchter; die jüngste Tochter ist gut, glaubt an das Geheimnisvolle; die älteren Töchter glauben nur, was sie sehen; 3 Jahre Prüfung; Spott und Hohn der älteren Schwestern; nach der Prüfung hat man Macht, selbst über den Teufel (Bärenhäuter befiehlt ihm, ihn zu reinigen); große Kontraste (dreckiger Bärenhäuter – vornehmster Feldobrist); glücklicher Ausgang; das Böse (Schwestern) unterliegt; der Teufel hat dennoch (doppelten) Erfolg.

Sprichwörter

– Einer macht den Kreis, der andere den Punkt.
– Die Wahrheit liegt in der Mitte.
– Brüchige Räder knarren am meisten.
– Es rennt ein Rad dem andern nach, aber es holt keines das andere ein.
– Greif ans Rad, so geht der Karren.
– Bricht ein Ring, so bricht die ganze Kette.
– Eine schöne Hand braucht keine Ringe.

Sprichwörter treffen nicht für jeden Fall zu, obwohl viele Menschen sie als allgemeingültig verwenden. Eine Problematisierung von Sprichwörtern trägt dazu bei, sie auch in ihren Grenzen zu sehen:

Morgenstund hat kurze Beine

Sprichwörter stimmen nicht immer

Vor ungefähr fünfzig Jahren, als die Nähmaschinen noch mit dem Fuß getreten und die Autos mit der Hand angekurbelt werden mußten und nur reiche Leute Autos und Nähmaschinen besaßen, lebte ein kleiner Junge. Der hatte eine Großmutter.

Nun gab es auch damals schon Millionen von kleinen Jungen mit Großmüttern, aber ich will euch nur von diesem einen erzählen. Seine Großmutter hatte weiße Haare, eine Brille, weil sie schlecht sehen konnte, und obwohl ihre Hände zittrig waren, strickte sie von morgens bis abends.

„Sich regen bringt Segen", sagte sie und: „ohne Fleiß kein Preis", denn sie war eine Sprichwörter-Macherin. Sprichwörter-Macher sind Leute, die immer gleich einen Satz sagen, den schon ihre Eltern, Großeltern, Urgroßeltern und die Leute davor gebraucht haben, obwohl sie eigentlich wissen müßten, daß diese Sätze gar nicht immer stimmen. Warum nicht, werdet ihr in dieser Geschichte erfahren.

Der kleine Junge merkte bald, daß die Großmutter sich von morgens bis abends regte, aber der Segen von niemandem gebracht wurde, und daß sie für ihren Fleiß noch keinen Preis bekommen hatte. Und als sie eines Tages jammerte, daß ihre Knochen richtig eingerostet seien, fragte er sie: „Warum denn, Großmutter? Hast du so viel gerastet?"

Sie nannte ihn dumm und war beleidigt, denn sie war stolz auf die viele Arbeit, die sie sich den ganzen Tag machte, obwohl sie eigentlich gar nicht mehr so viel zu schaffen brauchte.

„Aber es heißt doch: Wer rastet, der rostet!" meinte der kleine Junge und glaubte nun auch nicht mehr an das Sprichwort, mit dem ihn die Großmutter selbst in den Ferien morgens um sieben aus dem Bett holte: „Morgenstund hat Gold im Mund!" Denn der Junge schlief gern lange. Und wenn er gerade vor sich hin träumte und sich tolle Geschichten erdachte, dann sollte er etwas Nützliches tun, denn „Müßiggang ist aller Laster Anfang", und er wußte doch gar nicht, was Laster war. Etwas Nützliches tun, so nennen die Sprichwörter-Macher (die immer Erwachsene sind) Dinge wie: Schreiben üben, Unkraut jäten, ein Gedicht auswendig lernen oder sein Zimmer aufräumen.

Der kleine Junge wurde größer und merkte, daß die Sprichwörter nur Sprüche sind, die man sagt, weil andere sie auch schon gesagt haben und weil sie so brav und ordentlich und gehorsam klingen. Er merkte, daß Lügen nicht immer kurze Beine haben, denn manche seiner Schulkameraden kamen mit Lügen weiter als er mit der Wahrheit, und er lernte, daß das Sprichwort: „Wer einmal lügt, dem glaubt man nicht, und wenn er auch die Wahrheit spricht" ein ganz böses Wort ist. Denn es verleitet den, der einmal gelogen hat, immer weiter zu lügen. Da wußte er, daß es die Sprichwörter sind, die die kurzen Beine haben, er wurde zum Sprichwortverdreher.

Das sind Leute, die nicht an alles glauben, was ihnen die Großmütter und die Urgroßmütter und die Urururgroßväter erzählen. Und so lebte er, wie es ihm Spaß machte.

Er schlief lange, denn Morgenstund war für ihn aller Laster Anfang, und er erdachte sich Geschichten, denn Müßiggang hatte für ihn Gold im Mund. Er saß gern in seinem Sessel, denn er sagte: „Sich regen bringt kurze Beine" oder: „Wer rastet ohne Fleiß, dem bringt der Müßiggang Segen."

Nun müßt ihr nicht glauben, daß er stinkfaul war und trotzdem reich und berühmt und glücklich wurde. So einfach ist das auch nicht. Er wollte nur nicht an alles das glauben, was ihm die anderen erzählten, obwohl sie auch nicht daran glaubten. So bastelte er sich seine Sprichwörter selbst und lebte danach.

Er war fleißig, wenn er fleißig sein wollte, und dachte dann nicht an den Preis. Er stand früh auf, wenn die Sonne schien und er früh aufstehen wollte, und dann war ihm das Gold der Morgenstund schnurzpurzegal. Und er rastete, damit er nicht vorzeitig rostete, denn das hatte ihm sein Arzt gesagt.

So tat er gar nichts, wie es ihm seine Großmutter gesagt hatte, als er ein kleiner Junge war.

Er wurde ein großer Mann, und er schrieb erdachte Geschichten und wahre. So wie diese hier.

Ulrich Klever

Aus: S. Gräfin Schönfeld, Geschichten zum Vorlesen und Selberlesen, Berlin 1971

Rätsel

Zum Himmel geworfen, fällt's auf die Erde,
Zur Erde geworfen, springt's in die Luft. (Ball)

Es geht durch alle Lande
Und bleibt doch stets an einer Statt. (Radnabe)

Der Haken hängt am Fleisch. (Ohrring)

Immer soll ich gehen,
Niemals darf ich steh'n,
Darf zu langsam werden,
Noch zu schnell mich dreh'n. (Uhrzeiger)

5. Hand

Bedeutung der Hand

Aristoteles bezeichnet die Hand als das „Werkzeug der Werkzeuge". Die Entwicklung der Kultur wäre ohne die menschliche Hand undenkbar. Wegen dieser zentralen Bedeutung verwundert es nicht, wenn von den Teilen des menschlichen Körpers die Hand am häufigsten als Symbol gebraucht wird. So ist sie zunächst Ausdruck für alles Tun und Machen. Weil man im Handeln Macht über Dinge und Menschen ausübt, ist die Hand zugleich Symbol für Herrschen, daher auch ein königliches Symbol. Und wer herrscht, bedarf der Stärke, übt u. U. Gewalt aus, Druck, Zwang. Im religiösen Bereich drückt Handauflegung Übertragung von Vollmacht, Legitimität, Weihe aus. Gott selber wird in seiner schöpferischen und erhaltenden Macht als Hand symbolisiert.

Wegen ihrer umfassenden Bedeutung steht die Hand auch für den ganzen Menschen, sie ist Ausdruck der Person als ganzer. An einem Händedruck meint man spüren zu können, mit wem man es zu tun hat. Aus der Hand will man die Person, sogar deren Zukunft lesen. Wie mit der Sprache, kann man sich auch mit der Hand verständigen (Zeichensprache, Gestik), wie mit den Augen, kann man auch mit der Hand Gegenstände erfassen (Dinge erfühlen). In der Bibel ist die Hand Gottes Zeichen für Schöpfung (Job 12,9), Macht (Num 11,23; Jos 4,24), aber auch für beschützende Fürsorge (Ps 139,5; Jes 49,16). Jesus legt seine Hände auf (Mt 19,15) oder erhebt sie zum Himmel (Lk 24,50) als Zeichen des Segens.

5.1. Erfahrungen mit der Hand

Was ich mit meiner Hand alles machen kann

Mit ihrer/seiner Hand stellt jede/r eine bestimmte Tätigkeit dar (grüßen, greifen, Faust bilden, winken, streicheln, waschen ...).

Auf eine Folie ist eine Hand gezeichnet. Jede/r Teilnehmer/in schreibt nun darauf, was Hände alles können (fassen, zeigen, schlagen, streicheln, winken, helfen, spielen, tragen, musizieren, werfen, bauen ...). Man kann auch Sätze schreiben, in denen Hand vorkommt (Hand auf's Herz. Ich spucke in die Hände. Ich habe alle Hände voll zu tun. Ich schüttle Hände ...)

Hände sprechen

Symbolische Handhaltungen darstellen und über deren Bedeutung sprechen:
– auf der Brust: Unterwürfigkeit, dienen;
– gegenseitig Hände drücken: Vereinigung, Treue, Freundschaft;
– die Augen bedecken: Scham, Entsetzen;
– an den Handgelenken kreuzen: binden, gefangen nehmen;
– auf den Hals: Opfer, Hingabe;
– offen: Freigebigkeit, Gerechtigkeit;
– geballt: Drohung, Aggression;
– ausgestreckt: Segen, Schutz, Begrüßung;
– die Hand reichen: Gruß, Verzeihung, Verpflichtung zum Dienst, Besiegelung eines Rechtsaktes;
– zusammenlegen: Wehrlosigkeit, Unterwerfung;

- Handflächen nach oben: Meditation, Gebet;
- erhoben: Anbetung, Gottesverehrung;
- zum Kopf erhoben, bzw. den Kopf haltend: nachdenken, besinnen;
- Hände waschen: Unschuld, Zurückweisung von Schuld;
- in den Schoß legen: Nichtstun, Passivität, Faulheit;
- Hände ringen: Kummer, Wehklage;
- auf's Herz: Eidesformel, Wahrheit.

Mit Händen sehen

Wir verbinden unsere Augen, jetzt versuchen wir:
- unseren Namen zu schreiben,
- ein Glas mit Wasser zu füllen,
- einen Briefbogen zu falten und in einen Umschlag zu stecken,
- die Zimmertüre zu öffnen,
- 3,42 DM abzuzählen,
- einen Stock höher in ein bestimmtes Zimmer zu gehen,
- Schnürriemen zu binden,
- aus den Mänteln, Jacken am Kleiderhaken den/die eigene/n herauszufinden.

5.2. Meditative Übungen mit Händen

Stilleübung

Meditative Übungen setzen Stille, Gesammeltsein voraus. Daher ist es erforderlich, mit einer Stilleübung zu beginnen. Hierdurch kann man sich für neue Erfahrungen öffnen. Eine solche Stilleübung ist ein Prozeß, ein langsames Wachsen an Ruhe, an äußerer wie innerer Sammlung. Dabei können verschiedene Sinne angesprochen werden. Mit der Zeit wird auch die Sensibilität für das in der Stille Wahrgenommene immer feiner. Die Sprache des Leiters, der Leiterin sollte leise, ruhig, mit Pausen versehen sein.

Beispiel:
„Wir sitzen im Kreis zusammen.
Wir schließen die Augen und werden ganz still.
Wir hören die Geräusche von außen (Autos, Wind, Vögel).
Wir achten auf die Geräusche hier im Zimmer (Ticken einer Uhr, Atem des Nachbarn, eigener Atem).
Wir spüren unseren eigenen Atem: durch unsere Nase ziehen wir tief Luft ein, ... atmen ruhig und tief wieder aus ...
Wir spüren dem Weg des Atems nach.
Wir spüren, daß wir leben.
Wir spüren unsere Hände, Arme, Füße, Beine.
...

Jetzt atmen wir ganz tief durch, strecken uns und öffnen unsere Augen."

Nach einer derartigen Stilleübung kann man unterschiedliche meditative Übungen mit Händen durchführen:

Meditation über die eigenen Hände

Wir sehen unsere Hände genau an;
was unsere Hand alles erzählen kann;
woher die Blasen, die Schnitte, die Hautabschürfungen kommen;
was ich mit den Händen schon alles getan habe;
was meine Hände alles können;
was sie gerne tun, was ungern.

Diese und viele weitere Impulse können zur Handmeditation gegeben werden, wobei sich die TeilnehmerInnen ohne Druck äußern können, auch ohne daß es zu einer Diskussion kommt, ebenso unterbleiben Kritik oder Richtigstellung von Äußerungen.

Meditation über die Hand des/ der Nachbarn/in

Wir sitzen uns paarweise gegenüber.
Mit einer Hand halten wir die Rechte des Gegenübers, die/der ihre/seine Augen schließt, mit der anderen streichen wir über diese Hand.
Wir fahren den einzelnen Fingern nach, den Sehnen, Adern auf dem Handrücken.
Leicht drücken wir auf Finger, Handballen ...
Wir schließen die Hand etwas und versuchen, im Handinneren den Lebenslinien nachzufahren. Wir fühlen die harten, hornigen, zarten Hautstellen der Hand ...

Meditation über Hände

Arbeitende Hände
Wir schauen uns ein Bild mit stark verarbeiteten Händen an oder stellen uns dies in der Phantasie vor.
Wir beschreiben, was wir sehen bzw. uns vorstellen.
Was tun diese Hände?
Wie werden die dazugehörigen Menschen aussehen?
Wie atmen sie, welche Körperhaltung haben sie?
Wie fühlen sie sich nach der Arbeit?
Wir machen die Körperhaltung, das Atmen nach.

Meditative Übung zur Sensibilisierung der Hände

Wir knien im Kreis um eine Wanne mit Erde. Wir schließen die Augen. Jede/jeder kann nun mit ihren/seinen Händen die Erde erfühlen; nachher können wir darüber reden.

Diese Übung kann auch entsprechend mit Wasser, Steinen, Muscheln ... durchgeführt werden.

5. 3. Kreatives Gestalten

Hände drucken

In Gips oder nassem Sand drucken wir unsere Hände ab.
Wir färben unseren Daumen, einzelne Finger, die ganze Hand mit Plaka ... ein und drucken sie auf Papier.

Ineinandergreifende Hände

Das Bild ist eine Gemeinschaftsarbeit: Hände werden auf das Papier gelegt und mit Bleistift umfahren; Schnittflächen und Überschneidungen werden berücksichtigt; Hände werden mit Stiften angemalt, die Überschneidungen in den jeweiligen Farben; so entsteht in der Mitte ein Farbspiel.

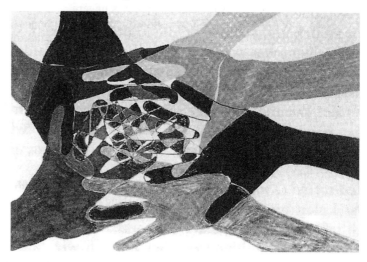

Schreibbild

Das Wort Hand schreibt man immer hintereinander und zwar so, daß dabei das Bild einer Hand entsteht. Man kann auch einen Satz, ein Sprichwort, einen biblischen Text, eine Geschichte mit Hand wählen und dies zum Schreibbild gestalten. (In Israel werden Bilder angeboten, in denen der Text eines ganzen biblischen Buches, z.B. Ruth, Psalmen, so geschrieben ist, daß ein Bild entsteht.)

Ein Schreibbild entsteht auch dadurch, daß man mit einem Wort, einem Satz ein Blatt füllt: Kreuz und Quer, in unterschiedlichen Größen, unterschiedlichen Schriftarten ... füllt man mit diesem einen Wort oder Satz die Seite.

II. Teil: Praktische Umsetzung

Tonarbeit Aus Ton, Lehm, Plastilin formen wir Hände, Tiere ...
Wir verbinden die Augen und formen gegenständliche oder abstrakte Figuren, unsere eigene Hand, uns selbst ...

Collage Aus Zeitungen, Illustrierten ... schneiden wir Hände aus und kleben sie zu einer Collage.

Gemeinschaftsbild Auf ein großes Papier malt jede/r ihre/seine Hand, schreibt ihren/seinen Namen hinein, gestaltet sie farbig.

In die Mitte eines großen Papiers wird eine Hand gemalt; jede/jeder schreibt ein Sprichwort, eine Redensart, die mit Hand zu tun hat, darum.

Auf ein großes Papier malt jede/jeder einen oder mehrere Gegenstände, deren Bezeichnung den Wortteil Hand enthält (-tuch, -stand, -werk, -ball, -kuß ...).

Schattenspiele

Siehe auch: R. Seitz, Spiele mit Licht und Schatten, Don Bosco Verlag, München 1984; C. Paster, Schattenspiele, Reinbeck 1987; D. Robson, V. Bailey, Schattentheater, Bassermann'sche Verlagsbuchhandlung, Niedernhausen 1991

5.4. Spiele

Hände auflegen

Zu Musik gehen alle Teilnehmer/innen im Kreis; Musik stoppt; der/die Leiter/in ruft einen Namen; die/der Aufgerufene verschließt die Augen. Die Mitspieler/innen legen ihr/ihm ganz zart ihre Hände auf; wieviele Hände sind es, wo liegen die Hände auf?

Gefühle ausdrücken

Ein/e Teilnehmer/in drückt mit der Hand Gefühle aus – Wut, Angst, Verlegenheit ... die übrigen erraten dieses Gefühl.

Drachentanz

Anzahl der Spieler/innen: mindestens 10; Spielmaterial: keines – aber das Spiel erfordert viel Platz!

Die Spielerinnen/Spieler stellen sich hintereinander auf. Jede/jeder legt ihre/seine rechte Hand auf die Schulter zuvor. Die/der erste in der Reihe ist der Kopf, die/der letzte der Schwanz des Drachen. Der Kopf versucht, den Schwanz zu erwischen. Er kann sich nach jeder Seite drehen. Der restliche Körper aber hält zum Schwanz und versucht, den Kopf daran zu hindern, das Körperende zu fassen. Die Kette darf dabei nicht auseinanderreißen. Sobald der Kopf den Schwanz berührt, wird der Schwanz zum Kopf und die/der bisher vorletzte Spieler/in darf Schwanz sein.

Rechte: Hannelore Bürstmayr, Enzersdorf

Rhythmus-Spiel

Anzahl der Spieler: beliebig viele; Spielmaterial: keines.
Die/der Spielleiter/in sitzt in der Mitte eines Halbkreises. Mit der Gruppe wird ein bestimmter Rhythmus vereinbart; zum Beispiel dreimal langsam klatschen – Pause – fünfmal schnell klatschen – Pause. Dieser Rhythmus wird einige Male wiederholt. Alle klatschen mit. Nach einer gewissen Zeit hört die/der Spielleiter/in plötzlich mitten im Rhythmus zu klatschen auf. Wer nicht aufpaßt und weiterklatscht, muß ausscheiden. Für den nächsten Durchgang kann man sich auf einen neuen Rhythmus einigen.

Rechte: Hannelore Bürstmayr, Enzersdorf

Hände erraten

Die Hälfte der Gruppe geht vor die Türe. Je eine/einer steckt ihre/seine Hand durch den Türspalt. Die übrigen müssen erraten, wessen Hand es ist.

Gegenstände erraten

In einen Karton Gegenstände legen (Schlüssel, Tennisball, Stoff ...). Jede/r darf in den Karton fassen, ohne daß sie/er etwas sehen kann, und die Gegenstände erraten.

Tastspaziergang

Mit verbundenen Augen gehen wir durch das Zimmer, durchs Haus. An bestimmten Stellen sind vorhandene bzw. zuvor dort deponierte Gegenstände zu erraten, genauer zu beschreiben, in ihren Eigenschaften mit anderen Dingen zu vergleichen (weich wie Wolle, spitz wie ein Nagel...).

5.5. Lieder

– Sag mir deinen Namen, Spiellied (I. Lotz, R. Krenzer, Wir sind die Musikanten, Lahr 1979, 28f)
– Komm, gib mir deine Hand, Spiellied (ebd., 29f.)
– Halte zu mir, guter Gott (R. Krenzer, Das große Liederbuch, Limburg 1988, 3)
– Gott gibt allen seine Hand (ebd., 60)
– Ich gebe dir die Hände (ebd., 119)
– Ich sage dir Schalom (ebd., 125)

Meine beiden Hände

Mei- ne bei- den Hän- de mit zehn Fin- gern dran,
kön- nen Bil- der ma- len, schaut es euch mal an:
kön- nen ma- len, schaut es euch mal an.

2. Meine beiden Hände
mit zehn Fingern dran,
können Schleifen binden,
schaut es euch mal an:
/:können binden
schaut es euch mal an.:/

3. Mcinc bciden Händc
mit zehn Fingern dran,
können Türen öffnen,
schaut es euch mal an:
/:können öffnen,
schaut es euch mal an.:/

4. Meine beiden Hände
mit zehn Fingern dran,
können euch begrüßen,
schaut es euch mal an:
/:können grüßen,
schaut es euch mal an.:/

T: Marina Palmen, M: Ludger Edelkötter, aus: Hallo, Du im Nachbarhaus (IMP 1018), © Impulse Musikverlag Ludger Edelkötter, 48317 Drensteinfurt

Erster Spielvorschlag:

Die SpielerInnen stehen im Kreis, singen den Liedtext und stellen die besungenen Tätigkeiten pantomimisch da.

Zweiter Spielvorschlag:

Alle sitzen im Kreis. Ein/e Spieler/in steht in der Kreismitte, besingt und spielt eine Tätigkeit, die mit beiden Händen verrichtet wird. Wird Begrüßen gespielt, so geht sie/er auf eine/n Mitspieler/in zu und gibt ihr/ihm die Hand. Alle anderen stehen auf und geben sich gegenseitig die Hände. Danach kehrt jede/r zu ihrem/seinem Sitzplatz zurück. Ein/e neue/r Spieler/in darf in den Kreis gehen und eine weitere Tätigkeit vorführen bzw. pantomimisch darstellen, die von den anderen Spieler/innen übernommen und nachgespielt wird.

Man kann zusätzliche Strophen erfinden; z. B. ... können Jacken knöpfen, Hüte falten, Kuchen backen, Burgen bauen, Haare waschen ...

Aus: Baustein Kindergarten, Heft 3/83, © Bergmoser + Höller Verlag, Aachen

Gott hält die ganze Welt in seiner Hand

1. Gott hält die ganze Welt in seiner Hand.
Gott hält die ganze Welt in seiner Hand.
Gott hält die ganze Welt in seiner Hand.
Er hält die ganze Welt in seiner Hand.

2. Er hält die Berge und die Täler in seiner Hand.
Er hält die ganze Welt in seiner Hand

3. Gott hält den Wind und den Regen in seiner Hand.
Er hält die ganze Welt in seiner Hand.

4. Gott hält den Fisch und den Vogel in seiner Hand.
Gott hält die ganze Welt in seiner Hand.

5. Gott hält das kleine Baby in seiner Hand.
Gott hält die ganze Welt in seiner Hand.

6. Gott hält auch dich und mich in seiner Hand.
Gott hält die ganze Welt in seiner Hand.

Ich schreibe meinen Namen dir mitten in die Hand

2. Ich schreibe deinen Namen auch in die Hand von mir.
Ich lesen deinen Namen und weiß etwas von dir.
mhm ...
und weiß etwas von dir.

3. Ich sage meinen Namen dir leise in dein Ohr.
Und stelle mit dem Namen mich dir ganz herzlich vor.
mhm ...
mich dir ganz herzlich vor.

4. Jetzt setze deinen Namen auch leise noch zu mir.
Und höre ich den Namen, weiß ich noch mehr von dir.
mhm ...
weiß ich noch mehr von dir.

5. Wir kennen unsre Namen und stehen Hand in Hand.
So knüpfen wir zusammen von Mensch zu Mensch ein Band.
mhm ...
von Mensch zu Mensch ein Band.

6. Wir kennen unsre Namen und singen Hand in Hand.
So knüpfen wir zusammen von Mensch zu Mensch ein Band.
mhm ...
von Mensch zu Mensch ein Band.

7. Gott sind all unsre Namen von Anfang an bekannt.
Er selbst hält uns zusammen, wir sind in guter Hand.
mhm ...
wir sind in guter Hand.

Weitere Möglichkeiten zu Vers 6:
... und tanzen Hand in Hand ...
... und springen Hand in Hand ...
... und gehen Hand in Hand ...

T: Rolf Krenzer, M: Ludger Edelkötter, aus: Weil du mich so magst (IMP 1036),
© Impulse Musikverlag Ludwig Edelkötter, 48317 Drensteinfurt

II. Teil: Praktische Umsetzung

Gib mir deine Hand

T: Uwe Seidel, M: Fritz Baltruweit, © Dagmar Kamenzky Musikverlag

5.6. Tanz

2. Stampft mit den Füßen, lobet Gott!
3. Hebt die Arme, lobet Gott!
4. Tanzt im Reigen, lobet Gott!

1. Klatscht in die Hände lobet Gott
5mal klatschen, wobei die Hände immer mehr nach oben steigen. Nach dem 5. Mal Arme oben ausbreiten.

Refr: Lobet Gott
Alle Tanzenden gehen zwei Schritte zur Kreismitte hin. Dabei werden die Arme wieder herunter genommen und wieder hochgehoben.

Lobet Gott
Alle drehen sich in linker Richtung einmal um sich selbst, die Arme werden herunter genommen und wieder hochgehoben.

Lobet Gott
Alle Tanzenden machen nach links eine Halbdrehung und gehen einen Schritt nach außen. Die Arme herunternehmen und wieder hochheben.

Lobet Gott
Alle Tanzenden machen wieder eine Halbdrehung und dabei einen Schritt nach außen, so daß sie wieder wie am Anfang auf einer relativ großen Kreislinie stehen. Die Arme bleiben dieses Mal oben.

2. Stampft mit den Füßen
auf 1 wird der rechte Fuß nach rechts gesetzt

auf 2 wird der linke Fuß nachgezogen und neben den rechten gestellt
auf 3 und 4 wie auf 1 und 2.

lobet Gott
Arme trichterförmig nach oben heben.

stampft mit den Füßen
Dasselbe wie oben, nur beginnt dieses Mal der linke Fuß.

lobet Gott s. o.

3. Hebt die Arme
Arme trichterförmig nach oben erheben.

lobet Gott
Alle Tanzenden drehen sich einmal um sich selbst

4. Tanzt im Reigen, lobet Gott
Die Hände werden durchgefaßt, der Kreis geht nach rechts.

Aus: Waltraud Schneider, Getanztes Gebet, Verlag Herder, Freiburg ⁴1991

5.7. Texte

Die schmutzigste Hand

Erzählung

In seiner Schulzeit war Daniel Webster, der nachmalige große Staatsmann, nichts weniger als ein Muster von Sauberkeit. Eines Tages drohte ihm seine Lehrerin, sie werde ihn züchtigen, falls er wieder mit schmutzigen Händen zur Schule käme. Am nächsten Morgen ließ sie ihn aus der Bank heraustreten und herrschte ihn an: „Zeig mal deine Hand!" Daniel spuckte auf seine Hand, rieb sie am Hosensitz ab und streckte sie hin. Nach kurzer Inspektion erklärte die Lehrerin: „Daniel, wenn du in dieser Schule eine Hand findest, die schmutziger ist als diese, laß ich dich laufen." Prompt hielt Daniel seine andere Hand hin.

Unbekannter Verfasser

Gedichte

Mutterns Hände

Hast uns Stulln jeschnitten
un Kaffee jekocht
un de Töppe rübajeschohm –
un jewischt und jenäht
un jemacht und jedreht ...
alles mit deine Hände.

Hast de Milch zujedeckt,
uns Bonbons zujesteckt
un Zeitungen ausjetragen –
hast die Hemden jezählt
und Kartoffeln jeschält ...
alles mit deine Hände.

Hast uns manches Mal
bei jroßen Schkandal
auchn Katzenkopp jejeben.
Hast uns hochjebracht.
Wir wahn Sticker acht,
sechse sind noch am Leben ...
Alles mit deine Hände.

Heiß warn se un kalt,
Nu sind se alt.
Nu bist du bald am Ende.
Da stehn wa nu hier,
und denn komm wir bei dir
und streicheln deine Hände.

Kurt Tucholsky (1929)

Der Du die Zeit in Händen hast

Der Du die Zeit in Händen hast,
Herr, nimm auch dieses Jahres Last
und wandle sie in Segen ...
Da alles, was der Mensch beginnt,
vor seinen Augen noch zerrinnt,
sei Du selbst der Vollender.

Die Jahre, die Du uns geschenkt,
wenn Deine Güte uns nicht lenkt,
veralten wie Gewänder.

Der Du allein der Ew'ge heißt
und Anfang, Ziel und Mitte weißt
im Fluge unserer Zeiten:

Bleib Du uns gnädig zugewandt
und führe uns an Deiner Hand,
damit wir sicher schreiten.

Jochen Klepper

Christus hat keine Hände

Christus hat keine Hände, nur unsere Hände,
um seine Arbeit heute zu tun.
Er hat keine Füße, nur unsere Füße,
um Menschen auf seinen Weg zu führen.
Christus hat keine Lippen, nur unsere Lippen,
um Menschen von ihm zu erzählen.
Er hat keine Hilfe, nur unsere Hilfe,
um Menschen an seine Seite zu bringen.

Gebet aus dem 14. Jahrhundert

Biblische Texte pantomimisch darstellen	– Mose überträgt durch Handauflegen sein Amt an Josua (Num 27,12-23)
	– Jesus heilt den Aussätzigen, indem er ihn mit der Hand berührt (Mt 8,1-4)
	– Jesus faßt die Tochter des Jairus bei der Hand und erweckt sie zum Leben (Mt 9,18-26)
	– Jesus segnet die Kinder durch Handauflegung (Mt 19,13-15)
In die Hand schreiben	Wir schreiben uns gegenseitig unsere Namen in die Hände. Dann hören wir: „Ich habe dich eingezeichnet in meine Hände" (Jes 49,16) und sprechen darüber, was dieser Satz für uns bedeuten kann (vergesse dich nicht ...).
Bildkarte schreiben	Auf eine Bildkarte schreiben wir: „Gott hat ... (Name des Betreffenden) in seine Hand geschrieben."

Rollenspiel   Spielerisch stellen wir die Beispielerzählung vom barmherzigen Samariter dar (Lk 10,25-37).

Dieser Text ist auch in unterschiedlichen bildnerischen Techniken und in Gegenwartsgeschichten zu übertragen.

Sprichwörter   – Besser einmal helfen mit der Hand als zweimal mit dem Maul.
– Der Kopf ist stärker als die Hände.
– Die Hand muß klüger sein als die Zunge.
– Eine Hand, die schenkt, wird nicht gekränkt.
– Eine kluge Hand macht nicht alles, was eine närrische Zunge schwatzt.
– Ein guter Kopf hat hundert Hände.
– In einen offenen Geldkasten greift auch wohl eine ehrliche Hand.
– Mit fremden Händen ist gut Kohlen schüren.
– Liebe macht fleißige Hand.

ANMERKUNGEN

[1] H. Halbfas, Religionsunterricht in der Grundschule, Lehrerhandbuch 1, Düsseldorf ²1987, 256
[2] M. Lurker, Die Botschaft der Symbole, München 1990, 20
[3] Ebd., 19
[4] Vgl. A. Bucher, Symbol und Symbolbildung bei C. G. Jung und Jean Piaget, Religionspädagogische Beiträge 23/1989, 70-89
[5] C. G. Jung, zitiert in: H. Hark, Lexikon Jungscher Grundbegriffe, Olten 1988, 27; vgl. V. Kast, Die Dynamik der Symbole, München ²1997, 114-120
[6] M. Lurker, a.a.O., 22
[7] Zu den Merkmalen von Symbolen siehe u.a. P. Tillich, Gesammelte Werke, Bd. 5, Stuttgart 1964, 214ff, 236ff und Bd. 8, Stuttgart 1970, 139f; H. Halbfas, a.a.O, 256-258; P. Biehl, Symbole geben zu lernen, Neukirchen-Vluyn, 1991, 46-51
[8] M. Lurker, a.a.O., 19
[9] Siehe S. 26
[10] Hamburg 1987, 184-205
[11] J. Fengler, G. Jansen, Heilpädagogische Psychologie, Stuttgart 1987, 182
[12] P. Tillich, Bd. 5, a.a.O., 237
[13] Zur Bedeutung des Symbols für die religiöse Erfahrung siehe ausführlich: E. Drewermann, Glaube in Freiheit, Bd. 1, Solothurn 1993, 385-502
[14] G. Baudler, Erlösung vom Stiergott, München 1989, 27
[15] Vgl. P. Tillich, Gesammelte Werke, Bd. 6, Stuttgart 1963, 243f
[16] J. Braak, Poetik in Stichworten, Kiel ⁴1972, 34
[17] Ebd., 35
[18] R. M. Rilke, Werke in drei Bänden, 1. Bd., Frankfurt am Main 1970
[19] H. Hesse, Die Gedichte, © Suhrkamp Verlag, Frankfurt am Main 1970
[20] J. Fengler, G. Jansen, a.a.O., 99f; zum Begriff der Lernbehinderung siehe u. a.: U. J. Schröder, Grundriß der Lernbehindertenpädagogik, Berlin 1990, 38-82; H.-J. Schmutzler, Heilpädagogisches Grundwissen, Freiburg ²1995, 208-210
[21] H. G. Richter, in: G. O. Kanter, O. Speck, Handbuch der Sonderpädagogik Bd. 4, Pädagogik der Lernbehinderten, Berlin 1977, 394
[22] Ebd.
[23] A. Bucher, Symbole? – Ein kritischer Diskussionsbeitrag zu den Religionsbüchern von Hubertus Halbfas, in: Der Evangelische Erzieher, 39 (1987), 611; vgl. auch ders., Symboldidaktik in: Katechetische Blätter, 113 (1988), 23-27
[24] H. Halbfas, Lehrerhandbuch 1, a.a.O., 259f
[25] S. Freud, Jenseits des Lustprinzips, Studienausgabe Bd. III, Frankfurt ⁴1975, 224f
[26] P. Biehl, Symbol und Metapher, in: Jahrbuch der Religionspädagogik I, Neukirchen-Vluyn 1984, 42
[27] Ebd., 43
[28] A. Bucher, Symbole, a.a.O., 86
[29] Zur gesamten Diskussion vgl.: A. Bucher, Wenn wir immer tiefer graben ... kommt vielleicht die Hölle, in: Katechetische Blätter 114 (1989), 654-662; B. Grom, Zurück zum alten Mann mit Bart?, in: ebd., 790-793; F. Oser, H. Reich, Nicht zurück zum alten Mann mit Bart, sondern vorwärts zum eigentlichen Kind, in: Katechetische Blätter 115 (1990), 170-176; R. Oberthür, Die „Erste Naivität" ist in der „Zweiten" aufgehoben, in: ebd., 176-179; L. Kult, Kinder denken an-

ders, in: ebd., 180-185; K. Wegenast, Wie ernst sollen wir die Naivität von Kindern nehmen?, in: ebd., 185-190.

[30] P. Biehl, Symbole, in: W. Bäcker u.a., Handbuch religiöser Erziehung Bd. II, Düsseldorf 1987, 489-491; ders., Symbole geben zu lernen, a.a.O., 170-173

[31] H. Halbfas, Das dritte Auge, Düsseldorf 1983, 121

[32] Ebd., Titelblatt

[33] H. Halbfas, Lehrerhandbuch 2, a.a.O., 445

[34] Vgl., P. Biehl, a.a.O., 490; E. Feifel, Entwicklungen in der Symboldidaktik, in: A. Schnider, E. Renhart, Treue zu Gott – Treue zum Menschen, Graz 1988, 297f; G. Adam, R. Lachmann, Religionspädagogisches Kompendium, Göttingen ^{5}1997, 79f

[35] H. Halbfas, Religionsbuch für das sechste Schuljahr, Düsseldorf 1989, bringt im 1.Kapitel „Sprachverständnis" eine derartige kritisch-rationale Auseinandersetzung mit Symbolen; ders., Religinsunterricht in Sekundarschulen, Lehrerhandbuch 6, Düsseldorf 1993, 69-178

[36] Y.Spiegel, Glaube wie er leibt und lebt, München Bd I, 1984, 34

[37] Ebd., 84

[38] E. Feifel, a.a.O., 300

[39] S. Grubitzsch, G. Rexilius, Psychologische Grundbegriffe, Reinbeck, 1987, 1077

[40] J. Scharfenberg, H.Kämpfer, Mit Symbolen leben, Olten 1980, 101

[41] E. H. Erikson, Kindheit und Gesellschaft, Stuttgart ^{7}1979, 241-269

[42] P. Biehl, Symbol und Metapher, a.a.O., 53

[43] Ebd., 54-56; ders., Symbole geben zu lernen, a.a.O., 158-161

[44] E. H. Erikson, a.a.O., 241

[45] P. Biehl, Symbol und Metapher, a.a.O., 54f

[46] G. Baudler, Einführung in die symbolisch-erzählende Theologie, Paderborn 1982; C. Grethlein, Religionspädagogik, Berlin 1998, 179-182; bezüglich P. Biehl siehe die zuvor genannte Literatur.

[47] Ich glaube jedoch nicht, daß sich diese Position und die von Halbfas wirklich gegenseitig ausschließen. Wie zuvor belegt, kann man den Vorwurf gegen Halbfas, er vernachlässige das Rationale, nicht aufrechterhalten.

[48] H. Halbfas, Das dritte Auge, a.a.O., 119-123

[49] P. Biehl, Symbole geben zu lernen, a.a.O., 166; siehe auch: A. Adam, R. Lachmann, a.a.O., 80-83

[50] Ebd., 160

[51] Ebd., 176

[52] Der Religionsunterricht, Ein Beschluß der Gemeinsamen Synode der Bistümer in der Bundesrepublik Deutschland, Synodenbeschlüsse Nr. 4, Bonn 1974, 2.5.1

Für die Praxis

Die Werkbuch Reihe: Glauben erfahren mit Hand, Kopf und Herz

NEU

Die Gestaltpädagogik kennt eine Vielzahl ganzheitlicher Methoden.

Sie regt Phantasie und Kreativität an, ermöglicht religiöse Erfahrungen, baut Vertrauen auf durch angstlösende und konfliktbewältigende Kommunikation.

Ein Praxisbuch für kreativen und lebensgeschichtlich orientierten Religionsunterricht / Gemeindekatechese

Format 16 x 21 cm;
264 Seiten;
43 s/w Abbildungen und 14 Tabellen;
kartoniert
ISBN 3-460-11120-8

Verlag Katholisches Bibelwerk
Silberburgstraße 121
70176 Stuttgart